交際費税務に生かす
判例・裁決例 53選
〔第2版〕

林　仲宣・四方田彰・角田敬子 [著]

- いわゆる「5,000円基準」を視野に入れた解説
- 各事例とTAINS・TKCコード及び判例集の対応表付き
- 最新の関連法令・通達を巻末に収録

税務経理協会

　交際費課税については，初版以来のこの３年間にいわゆる定額控除限度額の基礎となる金額が変更されているが，法令及び通達では改正されていない。いわば交際費課税は緩和されたといえるが，飲食店等の経営者からは，企業の接待などは減ったという嘆きも聞こえる。平成18年度改正で導入された少額飲食費制度も景気には勝てなかったのかもしれない。

　本書には，この３年間に公表された交際費事例の中から，判例２点，裁決例１点を追加した。それぞれ交際費課税の本質に言及しており，同時に事実認定の重要性を再認識させる事例である。

　初版において確認できなかった参考事例一覧表のデータについては，税理士情報ネットワークシステム（TAINS）編集室の朝倉洋子先生にご教示いただいた。税法判例情報については，この四半世紀，当然のようにご指導いただいてきたが，あらためて朝倉先生のご健勝を祈念する次第である。

　本書の改訂にあたっては，税務経理協会の鈴木利美氏にはご配慮いただいた。いつもながらのことであるが感謝に堪えない。

2010年９月

著者を代表して

林　仲宣

はしがき

　10年以上も昔のことだが，税理士会の支部懇親旅行でのバスのなかの出来事である。時間つぶしにながされた「寅さん」の古いビデオで，イライラした太宰久雄演じる「タコ社長」が，従業員に向かって，「一杯やろう。交際費でパァーとやろう」と叫ぶシーンがあった。それを見た突然の車内の大爆笑に，バスガイドが驚いて振り返り，運転手もバック・ミラーで客席を確認した姿が記憶にある。それも当然であり，ふつうの乗客が笑う場面ではない。

　日頃，中小企業を相手にしている税理士にとって，交際費は役員給与とともに経営者からの相談内容の中心である。とくに交際費は，日常的に発生するものであり，その内容や事実関係から費用性すらも検討することを余儀なくされるなど，厄介な支出も出てくる。そういう実態を知る者からすれば，山田洋次監督の脚本は，極めて的を射た現実的な台詞だと思えた。同時に，従業員と一緒に呑むという場合であっても，福利厚生費ではなく，交際費といわせているところに妙に感心したのである。

　交際費課税についての解説書や解説記事は少なくないが，その多くは，ケースバイケースの事例解説となっている。課税の立場にある執筆者の見解は，課税庁において集積された否認事例に基づく展開であり，またそれらの事例を網羅できるほど詳細な通達に立脚している。一方，納税者側に立つ執筆者は，通達の内容を軸に，実務

家としての経験を加味した見解を示すことが多い。本来，交際費課税は制限的であり，容認される幅は極めて短いと思われるから，いわば隙間をぬうような納税者の主張であっても，否定的な判断が出てくることは予想がつくといえよう。

　実務に接する機会があっても，納税者と課税庁の相反する見解を客観的な見地から検討することは少ない。その意味で，最終的な判断は残念ながら納税者の主張に対する理解が乏しいことは否めないが，判例及び裁決事例で示された事実や事情，当事者の理解と認識を参考にすることは極めて有益と思う。
　そのため，日常的に発生し，検討されるべき内容が豊かな交際費課税に対する判例及び裁決事例の傾向について，以前から気になっていた。
　しかしながら実際に検索してみると思いの外少ない。つまり，昭和50年以降で，「裁決～訴訟」，「1審～控訴・上告審」の同一事案を一組と数え，しかも検討に値し，あわせて解説の手掛かりに必要な当事者の考えが記載してある事案となると，限られてくる。本書では，それらの中から50編の事案を選び，それらを参考にして交際費課税の事例研究を行っている。

　交際費課税のリーディング・ケースとされる「ドライブイン事件」の第1審判決が昭和50年6月24日であった。事例の検索を，昭和50年以降と時期を区切ったのは，この昭和50年が交際費課税に対する納税者の視野が広がった意識改革の時期と考えるからである。
　そうなるといささか個人的な想い出であるが，日本税法学会関東地区研究会でご指導をいただく機会の多かった故高梨克彦先生が，

この「ドライブイン事件」の納税者代理人であったにもかかわらず，先生ご自身から交際費課税の論理を直接，ご教示いただく機会を逃したことは，慚愧に堪えない。

　本書は，『税経通信』2005年5月号から2007年5月号まで2年間25回にわたって連載した「判例・裁決事例に学ぶ交際費課税」に加筆訂正を加えて編集した。その間，税制改正によりいわゆる少額飲食交際費制度の導入をみたが，交際費課税の本質には変更はないと考えている。

　税経通信編集部の鈴木利美氏には，いつもながら連載企画の段階からお世話になり，本書の出版にあたってもご理解を賜った。また同編集部の吉冨智子氏には，連載時から的確な示唆をいただき，また本書の編集におけるさまざまなご助力に感謝するしだいである。

　『税経通信』の連載においては，四方田　彰税理士と角田敬子税理士がそれぞれ分担執筆し，それを私が修正した体裁で寄稿してきた。本書の編集もその方法を踏襲していることから，各事案の結論については，多分に私の見解が反映している。したがって最終的な責任については，すべて私に帰するものである。

　四方田，角田両税理士とは，それぞれ時期は異なるが，ともに両名が学部時代に私が担当した「租税法」の講義を履修したことで出会った。今後も新進気鋭の税法研究者として，また実務家としてより一層の精進を期待したい。

　最後に，われわれ3名が出会うチャンスを作っていただいた共通の恩師，東洋大学名誉教授・西九州大学客員教授　坂田期雄先生が，喜寿を越えられても変わらず執筆・講演活動に精進されていること

を感謝と共に喜ぶことをお許し頂きたい。

2007年6月

著者を代表して

林　仲宣

▶ 凡　例 ◀

1　本書は，平成22年4月1日現在の法令，通達により執筆している。

2　交際費課税の根拠である租税特別措置法第61条の4の規定でも，「交際費等とは，交際費，接待費，機密費その他の費用で……」と記載されるように，一般に交際費等と記載されることが多いが，本書では原則として交際費と表記している。

3　本書は，判例及び裁決事例を解説しているが，原文を忠実に引用しないで，前後に合わせて文章の表現や文言を変更している箇所や事実を脚色した部分もあるので，各事例について，あえて【参考】と表記した。

4　本書で使用する法令，通達の略称は以下の通りである。
　　　　措法…………租税特別措置法
　　　　法法…………法人税法
　　　　所法…………所得税法
　　　　措令…………租税特別措置法施行令
　　　　措規…………租税特別措置法施行規則
　　　　措通…………租税特別措置法関係通達
　　　　法基通………法人税基本通達
　　　　所基通………所得税基本通達

第2版にあたって
はしがき

第1部　交際費課税の概要と論理

1　交際費課税の趣旨 ……………………………………………… 3
2　交際費課税の原則 ……………………………………………… 3
3　交際費課税の体系 ……………………………………………… 4
4　交際費の定義 …………………………………………………… 6
5　交際費課税の対象外となる交際費 …………………………… 7
6　交際費課税の展望 ……………………………………………… 9

第2部　判例・裁決事例53

◎　参考事例一覧表 ………………………………………………… 15

事例❶　交際費の概念 …………………………………………… 19
　　　　―不動産の等価交換による時価との差額と交際費―

事例❷　「事業に関係のある者」の範囲 ……………………… 23
　　　　―抽選会の景品費用と交際費―

事例❸　事業関係者の範囲と費用の対価性 …………………… 27
　　　　―観光バス運転手への心付けと交際費―

事例4	支払の慣行と対価の認識 ································ 31
	―バス運転手等へのチップ―
事例5	業務との関連性 ······································· 35
	―ゴルフプレー費用―
事例6	「その他これらに類する行為」の意義 ····················· 39
	―英文添削費用の差額負担―
事例7	費用に占める交際費の要素 ····························· 44
	―ホステスの引抜き費用―
事例8	役員の慰安としての交際費 ····························· 48
	―ホステスの募集費用―
事例9	少額支出の交際費 ····································· 52
	―交際費課税の要件と支出額の多寡による判定―
事例10	交際費支出の主体 ····································· 56
	―交際費支出の相手方に関する客観的資料の提示―
事例11	交際費の共同支出 ····································· 60
	―共同支出の認定と限界―
事例12	交際費，寄附金，福利厚生費の関連性 ··················· 64
	―グループ3社の共同社員旅行―
事例13	交際費支出先の開示 ··································· 68
	―交際費支出先の不開示と交際費の意義―
事例14	交際費等の対象者の範囲と福利厚生費 ··················· 72
	―代表者ひとりの飲食代と費用性―
事例15	「事業に関係のある者」と福利厚生費 ····················· 76
	―一部の役員及び従業員の飲食費用―
事例16	事業関連性と交際費・福利厚生費の範囲 ················· 80
	―役員家族の米寿祝いの費用―

事例17	交際費と福利厚生費の境界 ……………………… 84
	―従業員への酒食の提供―

事例18	福利厚生費と交際費の限界 ……………………… 88
	―海外慰安旅行の費用―

事例19	福利厚生費と交際費の区分 ……………………… 92
	―忘年会等の費用―

事例20	交際費と会議費の区分 …………………………… 96
	―打ち合わせ時の飲食代―

事例21	会議費の意義 ……………………………………… 101
	―会議の場所と飲食行為―

事例22	会議,打ち合わせの費用と交際費 ……………… 105
	―得意先との打ち合わせ等に要した飲食の内容と範囲―

事例23	会議関連費の範囲 ………………………………… 109
	―代理店を会議と慰安のために温泉旅館に招待した費用と会議の実体―

事例24	研修費・会議費の意義 …………………………… 113
	―採用内定者事前研修懇親旅行の費用性―

事例25	販売促進と接待・供応の限界 …………………… 117
	―工場見学者への交通費―

事例26	工場見学の招待費用 ……………………………… 121
	―工場見学に通常要する費用と観光旅行―

事例27	研修を前提とした工場見学の費用 ……………… 125
	―得意先団体役員等の工場見学の性格―

事例28	交際費と広告宣伝費 ……………………………… 129
	―宣伝パンフレット添付の茶葉―

事例29	交際費と広告宣伝費の区分 ……………………… 133
	―開店祝いの花輪代―

事例30	取引先に対する贈答費用と広告宣伝的効果 …………… 137
	―お中元・お歳暮としての贈答費―
事例31	広告宣伝費の限界と交際費 …………………………… 141
	―謝恩セールの景品―
事例32	不特定多数の者の範囲と広告宣伝費の限界 …………… 145
	―得意先に対する招待旅行―
事例33	「不特定多数の者」の意義と広告宣伝効果 …………… 149
	―商品券・ビール券の購入費用―
事例34	広告宣伝費の対象と交際費の対象 …………………… 153
	―ボックスシート購入代金―
事例35	交際費と福利厚生費の範囲 …………………………… 157
	―創立記念パーティー―
事例36	工事竣工披露式典費用と交際費 ……………………… 161
	―落成式における飲食費用―
事例37	結婚披露宴費用 ………………………………………… 164
	―法人代表者の結婚披露宴費用の損金性―
事例38	会葬者への追善供養 …………………………………… 168
	―社葬費用の範囲―
事例39	交際費の趣旨と二重課税 ……………………………… 172
	―記念行事の費用と祝儀―
事例40	交際費課税の趣旨と計算方法 ………………………… 176
	―祝儀等の受贈とパーティー費用―
事例41	交際費課税の範囲と交際費控除の限界 ……………… 180
	―祝儀収入と交際費の趣旨―
事例42	売上値引と交際費 ……………………………………… 184
	―売上値引の計算・方法及び立証と交際費との境界―

事例43	売上割戻しと交際費 …………………………………… 188
	―代理店への表彰―
事例44	情報提供料 …………………………………………… 192
	―手数料と交際費の区分―
事例45	寄附金と交際費 ……………………………………… 195
	―政治団体への支出―
事例46	交際費としての談合金の位置付け ………………… 199
	―共同企業体における外注費―
事例47	入札謝礼金の性格 …………………………………… 203
	―入札謝礼として支払われた外注費と交際費の差異―
事例48	交際費の範囲と賄賂の性格 ………………………… 207
	―賄賂金―
事例49	交際費の支出の具体性 ……………………………… 211
	―反社会団体等への支払―
事例50	交際費の範囲と使途不明金 ………………………… 215
	―支出先不明の機密費―
事例51	事業関係者の範囲 …………………………………… 219
	―卒業祝賀パーティー費用―
事例52	福利厚生費と交際費 ………………………………… 223
	―領収書等が廃棄されている場合の懇親会費の経費性―
事例53	交際費の性格 ………………………………………… 229
	―遊園施設清掃業務の委託費と優待入場券の使用に係る費用―

| 第3部 | 交際費課税の関係法令・通達等 |

租税特別措置法 …………………………………………… 235
所得税法 …………………………………………………… 236
租税特別措置法施行令 …………………………………… 236
租税特別措置法施行規則 ………………………………… 237
租税特別措置法関係通達 ………………………………… 237
所得税基本通達 …………………………………………… 250
法人税基本通達 …………………………………………… 250

交際費等（飲食費）に関するQ＆A ………………………… 253

第1部

交際費課税の概要と論理

1 交際費課税の趣旨

　交際費課税は，昭和29年の創設以来，冗費，濫費の防止と抑制を趣旨としている。「社用族」という言葉を生んだ背景と実情への批判や企業の資本蓄積を促進することなどが課税目的として示されてきた。しかし，事業関係者に対する接待，供応，慰安，贈答は，その是非はともかくわが国の企業活動には不可欠な行為であることはいうまでもない。これらの費用の損金性は否定しがたく，しかも中小企業には課税が緩和されてきた事情を考慮すると，極めて政策税制の色彩が強い制度といえる。

2 交際費課税の原則

　法人税制における交際費課税の原則は，おおむね下記のとおりである。
① 　交際費は損金不算入である。
② 　資本金の額による分類で中小企業とされた企業では，交際費であっても一定限度額の範囲内で損金算入が認められる。
③ 　本来は交際費と考えられる費用であっても，交際費から除外される費用がある。

　したがって交際費課税に対する唯一ともいうべき対策は，「交際費の定義」を理解することである。同時に交際費の範疇に含まれ，類似し，隣接することから，本来なら交際費とされるべき費用でありながら，政策上，交際費から除外されている費用の意義を認識す

ることも重要となる。

　通常，税務においては，法令で基本原則を規定し，その補足・補充を国税庁長官が発遣する通達により詳細な取扱いを明示している。租税法律主義に基づく通達課税の是非については本書の目的と異なるので言及しないが，交際費課税もその例にもれず，法令において制度の本質と原則を規定したにすぎず，その実際の適用判断は，通達において詳細に示されている。

③　交際費課税の体系

(1)　租税特別措置法
　　・第61条の4（交際費等の損金不算入）
　　①　損金不算入の原則規定及び限度額の計算方法
　　②　交際費の定義
　　③　交際費課税の対象外となる交際費

(2)　租税特別措置法施行令
　　・第37条の5（交際費等の範囲）
　　交際費課税の対象外となる交際費の例示

(3)　租税特別措置法施行規則
　　・第21条の18の2（交際費等の損金不算入）
　　交際費課税の対象外となる交際費（飲食費）の管理方法

(4) 租税特別措置法関係通達

61の4(1)-1 （交際費等の意義）

61の4(1)-2 （寄附金と交際費等との区分）

61の4(1)-3 （売上割戻し等と交際費等との区分）

61の4(1)-4 （売上割戻し等と同一の基準により物品を交付し又は旅行，観劇等に招待する費用）

61の4(1)-5 （景品引換券付販売等により得意先に対して交付する景品の費用）

61の4(1)-6 （売上割戻し等の支払に代えてする旅行，観劇等の費用）

61の4(1)-7 （事業者に金銭等で支出する販売奨励金等の費用）

61の4(1)-8 （情報提供料等と交際費等との区分）

61の4(1)-9 （広告宣伝費と交際費等との区分）

61の4(1)-10 （福利厚生費と交際費等との区分）

61の4(1)-10の2 （災害の場合の取引先に対する売掛債権の免除等）

61の4(1)-10の3 （取引先に対する災害見舞金等）

61の4(1)-10の4 （自社製品等の被災者に対する提供）

61の4(1)-11 （協同組合等が支出する災害見舞金等）

61の4(1)-12 （給与等と交際費等との区分）

61の4(1)-13 （特約店等のセールスマンのために支出する費用）

61の4(1)-14 （特約店等の従業員を対象として支出する報奨金品）

61の4(1)-15 （交際費等に含まれる費用の例示）

61の4(1)-15の2 （飲食その他これに類する行為の範囲）

61の4(1)-16 （旅行等に招待し，併せて会議を行った場合の会議費用）

61の4(1)－17（現地案内等に要する費用）

61の4(1)－18（下請企業の従業員のために支出する費用）

61の4(1)－19（商慣行として交付する模型のための費用）

61の4(1)－20（カレンダー，手帳等に類する物品の範囲）

61の4(1)－21（会議に関連して通常要する費用の例示）

61の4(1)－22（交際費等の支出の相手方の範囲）

61の4(1)－23（交際費等の支出の方法）

61の4(1)－24（交際費等の支出の意義）

4 交際費の定義

　交際費課税の対象となる交際費の定義は，交際費，接待費，機密費その他の費用で，法人が，その得意先，仕入先その他事業に関係のある者等に対する接待，供応，慰安，贈答その他これらに類する行為のために支出するものをいう（措法61の4③）。

　税務の取扱いでは，主として次に掲げるような性質を有するものは交際費には含まれないものとしている（措通61の4(1)－1）。

① 寄附金

② 値引き及び割戻し

③ 広告宣伝費

④ 福利厚生費

⑤ 給与等

　同様に，「得意先，仕入先その他事業に関係のある者等」には，直接当該法人の営む事業に取引関係のある者だけでなく間接に当該法人の利害に関係ある者及び当該法人の役員，従業員，株主等も含

むとされる（措通61の4⑴−22）。

5　交際費課税の対象外となる交際費

　本来，交際費に類似する，あるいは隣接する費用であるが，社会の習慣，労使間の慣行，商取引上の慣習などから，交際費から除外されてきた費用がある。前述のように，通常，寄附金，値引き及び割戻し，広告宣伝費，福利厚生費，給与等として処理されるものであるが，具体的に明示されているものに下記の諸費用がある。

(1)　**専ら従業員の慰安のために行われる運動会，演芸会，旅行等のために通常要する費用**（措法61の4③一）

　福利厚生費の範疇に含まれる費用であるが，特定の従業員のみを対象とするのではなく，広く全社的に実施される慰安のために支出される費用であることが前提となる。

(2)　**少額飲食交際費**（措法61の4③二，④・措規21の18の2）

　飲食その他これに類する行為のために要する費用（役員若しくは従業員又はこれらの親族に対する接待等のために支出するものを除く）であって，5,000円以下の費用である。

　18年度税制改正で新設され，交際費の範疇に含まれる費用から，1人当たり5,000円以下の一定の飲食費が除外されることにより，交際費から除かれる費用が拡大された。

　ここでいう一定の飲食費とは，飲食その他これに類する行為のために要する費用である。ただしその対象から，専らその法人の役員，

従業員又はこれらの親族に対する接待等のために支出するものは除かれる。1人当たり5,000円以下の判定は，飲食等の費用として支出する金額をその飲食等に参加した者の数で除して計算した金額で行う。ただし，期日，参加者，人数，飲食店等を記載した書類を保存している場合に限り，適用される。

(3) カレンダー，手帳，扇子，うちわ，手ぬぐいその他これらに類する物品を贈与するために通常要する費用（措令37の5②一）

　広告宣伝，販売促進などの目的で不特定多数の者に配布する物品を購入，製造する費用となる。例示されている物品は，広告媒体として低価格の物品の典型として理解されるものばかりであるが，最近では広告媒体として使われないものもある。またこれらの品々の中には，趣味の品として高価なものも少なくないが，低価格の物品という認識である。

(4) 会議に関連して，茶菓，弁当その他これらに類する飲食物を供与するために通常要する費用（措令37の5②二）

　いわゆる会議費である。会議に関連して，茶菓，弁当その他これらに類する飲食物を供与する費用は，接待，供応，慰安の区別はともかく，定義的には交際費の範疇に含まれることは明らかである。しかし，会議開始の前，会議開催中，会議終了後に，社内又は通常会議を行う場所において通常供与される昼食の程度を超えない飲食物等の接待に要する費用は，交際費から除外される（措通61の4(1)－21）。

　この会議には，いわば大げさな会合ではなく，来客との商談，打合せ等が含まれるとされる（措通61の4(1)－21注記）。社内に会議室

等を設置している企業は限られるから，社外の飲食店等に移動した飲食も，飲食物等の接待に含まれるだろう。ただ，会議費であっても金額については，通常会議を行う場所において通常供与される昼食程度という制約がある。いうまでもなく昼食程度の金額であって，飲食物等の接待時間は，昼食時に限定されているわけではない。

　この昼食程度の金額については1人当たり3,000円程度であり，ビール1本ぐらいはＯＫ，という形式的な目安が，実務上の常識として認識されてきた。地域によっては，1人当たり5,000円程度という見解を示された経験もあるから，まさしく合理性，規範性のない金額といえる。もっとも，おおむね3,000円以下の少額物品の贈答費用は，交際費等から除外する税務の取扱いがあることから（措通61の4(1)－4），3,000円程度の金額が全く根拠のない数値とはいえないかもしれない。

(5)　新聞，雑誌等の出版物又は放送番組を編集するために行われる座談会その他記事の収集のために，又は放送のための取材に通常要する費用（措令37の5②三）

　会計処理上，取材費，番組制作費として処理される費用であるが，限られた業界・業種を対象とした措置といえる。

⑥　交際費課税の展望

　法人税制の平成18年度改正は，中小企業にとって，いわばアメとムチという二つの要素を端的に示した。役員給与に対する制限の強化がムチとするならば，少額の飲食費の非課税化を導入した交際費

課税の改正は，アメといえるだろう。

　この改正の結果，接待等に伴う飲食費用については，一定の金額基準により損金算入が簡便な判定で行えるようになった。確かに金額基準という明確な指針は，実務上，効果的であることはいうまでもない。しかしながら，費用の内容，性格，背景などを十分吟味することのない金額基準による機械的な税務判断は，安易すぎるという見方も出てくる。

　少額飲食交際費の損金算入制度の適用要件は，5,000円基準はともかく，前提条件として，①飲食費用の定義，②参加者の構成，③書類の保存，の3点である。これらの要件は，決して新しい内容ではない。交際費課税の解釈において，長年，論議がなされてきた事項である。

　従来，納税者が，取引内容から会議に関連する費用は，交際費課税の枠外と主張することは少なくなかった。しかし，その多くは交際費と認定され，交際費課税の対象とされてきた。ところが，この少額飲食交際費は，交際費等でありながら損金算入の費用として処理できることになる。

　社内，社外を問わず事業関係者に飲食を提供し，その費用を企業が負担することは日常的に行われている。この場合に，接待，供応，慰安の目的や内容にこだわらず，参加者と金額のみで機械的に判定できる少額飲食交際費の制度は，諸刃の剣となる。接待，供応，慰安の目的や内容を検討せずに参加者と金額のみで機械的に判定する経理を習慣的に行うことが定着する可能性がある。しかし，今後，この少額飲食交際費の制度が廃止される，あるいは金額基準が減額変更されたとするならば，税務判断を怠ったツケが回ってくる気がする。

法令の解釈に基づく損金性の判断は，支払金額で検討するものではない。事実関係を把握し，支出の目的や内容を検討することは，税務の基本である。

第2部

判例・裁決事例 53

参考事例一覧表

判 例

期　　　日 裁判所名	事　例	TAINS TKC	判例集等
昭和50年2月14日 京都地裁	37 第1審	Z 080－3484 21049120	判例時報797号93頁
昭和50年6月24日 東京地裁	3 第1審	Z 082－3593 21050900	行政事件裁判例集26巻8号831頁
昭和50年8月6日 東京地裁	16 第1審	Z 082－3619 21051330	税務訴訟資料82号521頁
昭和51年7月20日 東京地裁	13 第1審	Z 089－3832 21055060	訟務月報22巻11号2621頁
昭和52年3月18日 大阪高裁	37 控訴審	Z 091－3956 21057260	訟務月報23巻3号612頁
昭和52年11月30日 東京高裁	3 控訴審	Z 096－4092 21060200	行政事件裁判例集28巻11号1257頁
昭和53年1月26日 東京地裁	27 第1審	Z 097－4115 21060730	判例時報882号33頁
昭和53年4月24日 東京地裁	49 第1審	Z 101－4181 21061730	行政事件裁判例集29巻4号555頁
昭和53年11月30日 東京高裁	13 控訴審	Z 103－4287 21063890	訟務月報25巻4号1145頁
昭和54年9月20日 最高裁	13 上告審	Z 106－4467 21067120	税務訴訟資料106号562頁
昭和55年4年21日 東京地裁	19 第1審	Z 113－4582 21069240	行政事件裁判例集31巻5号1087頁
昭和55年6月2日 東京地裁	8 第1審	Z 113－4605 21069760	税務訴訟資料113号526頁
昭和55年6月9日 大津地裁	31 第1審	－ 21069840	税務訴訟資料125号1553頁
昭和56年1月23日 大阪高裁	31 控訴審	－ 21072100	判例タイムズ440号153頁
昭和56年4月15日 東京地裁	14 第1審 15 第1審	Z 117－4777 21073060	税務訴訟資料117号4頁
昭和56年5月28日 東京高裁	8 控訴審	Z 117－4802 21073550	税務訴訟資料117号486頁
昭和56年7月21日 最高裁	31 上告審	－ 21074260	税務訴訟資料125号1482頁
昭和57年5月20日 東京地裁	5 第1審	Z 123－4993 21076420	訟務月報28巻8号1675頁
昭和57年7月28日 東京高裁	14 控訴審 15 控訴審	Z 127－5039 21076800	訟務月報29巻2号300頁

期　日　裁判所名	事　例	TAINS TKC	判例集等
昭和57年 8 月31日 東京地裁	㉟ 第 1 審	Z 127-5051 21076920	行政事件裁判例集33巻 8 号1771頁
昭和57年 9 月28日 大阪地裁	❼ 第 1 審	― 22001714	税務訴訟資料148号640頁
昭和57年10月 7 日 東京地裁	㉞ 第 1 審	― 21077211	税務訴訟資料132号1281頁
昭和57年11月30日 最高裁	❽ 上告審	Z 128-5106 21077420	税務訴訟資料128号541頁
昭和58年 4 月 8 日 仙台地裁	㉕ 第 1 審	― 21078026	税務訴訟資料137号581頁
昭和58年12月22日 大阪高裁	❼ 控訴審	― 21080090	税務訴訟資料148号619頁
昭和59年 4 月26日 東京高裁	❺ 控訴審	Z 136-5342 21080423	税務訴訟資料136号464頁
昭和60年 4 月25日 最高裁	❼ 上告審	― 22001713	税務訴訟資料148号598頁
昭和60年 9 月27日 最高裁	⓮ 上告審 ⓯ 上告審	Z 146-5612 22001421	税務訴訟資料146号760頁
昭和60年12月20日 大阪地裁	❿ 第 1 審	Z 147-5656 22001449	税務訴訟資料147号633頁
昭和61年12月17日 東京地裁	㊹ 第 1 審	Z 154-5845 22002110	税務訴訟資料154号816頁
昭和63年 5 月16日 東京高裁	㊹ 控訴審	Z 164-6109 22003185	税務訴訟資料164号370頁
昭和63年 5 月21日 大阪高裁	❿ 控訴審	Z 164-6112 22003188	税務訴訟資料164号547頁
平成元年 9 月22日 東京地裁	㊿ 第 1 審	Z 173-6358 22004190	税務訴訟資料173号784頁
平成元年10月 5 日 東京地裁	⓱ 第 1 審	Z 174-6370 22004199	税務訴訟資料174号20頁
平成元年12月18日 東京地裁	㊵ 第 1 審	Z 174-6409 22003381	行政事件裁判例集40巻11・12号1827頁
平成 2 年 3 月23日 東京地裁	⓫ 第 1 審	Z 176-6476 22003802	行政事件裁判例集41巻 3 号674頁
平成 2 年 8 月30日 東京高裁	⓱ 控訴審	Z 180-6564 22004926	税務訴訟資料180号501頁
平成 2 年11月19日 浦和地裁	㊶ 第 1 審	Z 181-6601 22004969	税務訴訟資料181号374頁
平成 2 年12月20日 大阪地裁	㉑ 第 1 審	Z 181-6625 22004990	税務訴訟資料181号1020頁
平成 3 年 4 月23日 最高裁	⓱ 上告審	Z 183-6696 22005488	税務訴訟資料183号250頁
平成 3 年 4 月24日 東京高裁	㊶ 控訴審	Z 183-6700 22005492	税務訴訟資料183号352頁
平成 3 年10月11日 最高裁	㊶ 上告審	Z 186-6783 22005826	税務訴訟資料186号846頁

期　日 裁判所名	事　例	TAINS TKC	判例集等
平成 4 年 1 月22日 大阪地裁	26 第 1 審	Z 188－6835 22005570	判例タイムズ803号167頁
平成 4 年 9 月30日 横浜地裁	2 第 1 審	Z 192－6986 22006101	行政事件裁判例集43巻 8・9 号1221頁
平成 5 年 6 月28日 東京高裁	2 控訴審	Z 195－7149 22006691	行政事件裁判例集44巻 6・7 号506頁
平成 6 年 5 月 6 日 奈良地裁	33 第 1 審	— 28035254	税務訴訟資料217号808頁
平成 7 年10月13日 静岡地裁	29 第 1 審	Z 214－7590 28011269	行政事件裁判例集46巻10・11号903頁
平成 8 年 3 月 5 日 大阪高裁	33 控訴審	— 28035253	税務訴訟資料217号466頁
平成 8 年10月30日 東京高裁	29 控訴審	Z 221－7807 28020371	行政事件裁判例集47巻10号1030頁
平成 9 年 9 月 4 日 大阪地裁	1 第 1 審	Z 228－7976 28042317	税務訴訟資料228号449頁
平成 9 年11月28日 最高裁	29 上告審	Z 229－8042 28042384	税務訴訟資料229号916頁
平成10年 1 月22日 最高裁	2 上告審	Z 230－8061 28050913	税務訴訟資料230号58頁
平成11年 2 月26日 京都地裁	48 第 1 審	— 25200013	—
平成14年 9 月13日 東京地裁	6 第 1 審	Z 252－9189 28080339	税務訴訟資料252順号9189頁
平成15年 9 月 9 日 東京高裁	6 控訴審	Z 253－9426 28082672	判例時報1834号28頁
平成16年 2 月 4 日 さいたま地裁	24 第 1 審	Z 254－9549 28100787	—
平成16年 5 月14日 東京地裁	20 第 1 審	Z 254－9648 28141113	税務訴訟資料254号9648頁
平成20年 1 月30日 さいたま地裁	52 第 1 審	Z 888－1357 （TKC・未搭載）	—
平成21年 7 月31日 東京地裁	53 第 1 審	Z 888－1447 25460171	判例時報2066号16頁

第 2 部　判例・裁決事例 53

◎ 裁決事例 ◎

期　日	事例	TAINS TKC	判例集等
昭和50年7月21日	28	F0-2-115 26007170	国税不服審判所裁決例集7648頁
昭和51年1月28日	32	— 26007210	国税不服審判所裁決例集7677頁
昭和53年12月20日	9	J17-5-04 26001850	裁決事例集17巻92頁
昭和55年6月14日	30	— 26006150	国税不服審判所裁決例集6706頁
昭和57年3月23日	23	— 26007260	国税不服審判所裁決例集7715・3頁
昭和57年10月6日	22	— 26007310	国税不服審判所裁決例集7751頁
昭和57年12月24日	47	J25-6-01 26003760	裁決事例集25巻109頁
昭和60年2月27日	38	J29-2-06 26008830	裁決事例集29巻111頁
昭和60年10月14日	43	J30-4-05 26009120	裁決事例集30巻225頁
昭和61年11月29日	45	J32-3-10 26009530	裁決事例集32巻245頁
昭和62年8月25日	39	J34-5-02 26010070	裁決事例集34巻118頁
平成2年12月19日	36	J40-3-04 26010651	裁決事例集40巻136頁
平成3年7月10日	42	J42-7-04 26010739	裁決事例集42巻293頁
平成3年7月18日	12	J42-3-05 26010727	裁決事例集42巻128頁
平成8年1月26日	18	J51-3-22 26011102	裁決事例集51巻346頁
平成11年12月14日	46	J58-3-15 26011397	裁決事例集58巻188頁
平成14年5月21日	4	J63-3-24 26011654	裁決事例集63巻431頁
平成20年4月25日	51	J75-3-26 26012196	裁決事例集75巻401頁

（凡例）
事例：本書における事例番号
ＴＡＩＮＳ：税理士情報ネットワークシステム・税法データベース検索コード
ＴＫＣ：ＴＫＣ法律情報データベース（ＬＥＸ／ＤＢ），（第一法規税務判決・裁決
　　　データベース）文献番号
（判例集等の記載は，ＴＫＣの書誌データの中から代表的な文献を転載している）

事例 1　交際費の概念
——不動産の等価交換による時価との差額と交際費——

 納税者の主張

　納税者は，不動産業を営む同族会社である。納税者は，自己が所有しているＡ県内の土地（以下「交換譲渡土地」という）と，取引先代表取締役の所有する同県内の土地（以下「交換取得土地」という）と同土地に建っている建物（以下「交換取得建物」という）を交換した。

　本件交換は，等価交換で損益が発生しないものとして会計処理するとともに，法人税法の規定（交換により取得した資産の圧縮損の損益算入）の適用があるものとして算出した。

　また，本件交換土地は，納税者の固定資産であるし，また，「交換譲渡土地」及び交換取得資産の価格は，本件交換当時，等価あるいはその差額がいずれか多い価格の100分の20に相当する金額以内である。したがって，本件交換には法人税法の適用がある。

　本件交換時の交換譲渡土地と交換取得資産のそれぞれの価格は等価であり，差額はない。

 課税庁の主張

　交換特例が適用されるのは，それぞれの資産の所有者がともに１年以上所有していた「固定資産」を交換した場合に限られるところ，

「交換譲渡土地」は納税者の棚卸資産に該当するから，交換特例の適用はない。

また，本件交換時における取得資産の価額と譲渡資産の価額との差額は，これらの価額のうちいずれか多い価額の100分の20を超えていることが明らかであるから，この点からも交換について交換特例を適用する余地はない。

本件交換差額は，納税者が当時多額の融資を受けていた取引先会社を中心とする取引先グループとの円滑な関係を維持する目的で，その代表取締役に差額をもって，利益を供与したのであるから，交際費に該当し，損金の額には算入されない。

裁判所の判断

納税者は，①当該交換譲渡土地を商品土地の仕入として経理処理し，同土地を棚卸資産に計上していたこと，②交換譲渡土地を売却する目的で，一般媒介契約書を締結していたこと，③交換譲渡土地を棚卸資産として，法人税の確定申告をしていたことなどから，交換譲渡土地は，固定資産ではなく棚卸資産と認めるのが相当である。

また，本件交換差額は，納税者の事業に関係のある取引先代表取締役に対し，贈答その他これに類する行為のために利益供与として右の交換差額を提供したものと推認することができるから，交換差額は交際費に該当し，損金の額には算入されないことになる。

解説

　交際費とは,「……接待,供応,慰安,贈答その他これらに類する行為のために支出するもの」と定義されている。支出した金員の対象となった行為を検討することが,交際費課税の基本的な対策である。

　これに対して,本事案は,「交換差額」が相手先に対する交際費に該当するとされた事例である。つまり交際費の概念とされる行為には,事業者が相手方に対して直接支出した金員に対応するものと限らないということになる。

　本事案では,交換差額という形で相手先に利益の供与を与えることにより,「納税者が当時多額の融資を受けていた取引先会社を中心とする取引先グループとの円滑な関係を維持する目的」で行われたと指摘される。これは,利益の供与が,実質的に相手先に対する「接待,供応,慰安,贈答その他これらに類する行為」に該当するという考えである。

　一方,交際費の相手方としてはどうであろうか。交際費の相手方の範囲とは,「得意先,仕入先その他事業に関係のある者等」とあり,直接当該法人の営む事項に取引関係のある者だけでなく,間接に当該法人の利害に関係ある者（役員,従業員,株主等も含む）も含まれると解される。本事案においても,交換の相手が「取引先グループの代表取締役」であることなどから,交際費の相手方の範囲に含まれると考えている。

　本事案においては,交換差額は交際費であるとされたが,時価との交換差額が寄附金として認定されるような場合も想定できる。

　寄附金とは,「……寄附金の額は,寄附金,拠出金,見舞金その

他いずれの名義をもってするかを問わず，内国法人が金銭その他の資産又は経済的な利益の贈与又は無償の供与（広告宣伝及び見本品の費用その他これらに類する費用並びに交際費，接待費及び福利厚生費とされるものを除く……）をした場合における当該金銭の額……」とあり，その取扱いの中で，交際費に関しては除外している。

　本事案での交換差額は，取引の相手先に対する利益の供与を含むとされ，その相手先が事業関係者であることから，交際費として認定された。寄附金等については，当初から検討対象からも外されている。土地交換の取引先が，事業関連者でない場合には，交換差額から生じる利益の供与は，寄附金として検討されることもあり得るだろう。

　土地交換取引において，取引の相手先が事業関連者であり，その背景に今後の取引を円滑にするような目的であることが推定できるような場合には，交換差額が利益の供与として，交際費課税の対象となる可能性が高いと思われる。

【参考】　大阪地裁平成9年9月4日判決
【参照】　措通61の4(1)－22

事例 2 「事業に関係のある者」の範囲
――抽選会の景品費用と交際費――

納税者の主張

中古自動車のオートオークションにおいて，抽選会を開催した。これは，休眠状態もしくはそれに近い会員をオークション会場に多数来場させ，夜遅くまでオークション会場に参加させることを目的としている。この抽選会において交付した景品の購入に要した費用は，支払奨励金，販売促進費，宣伝広告費などに該当する。「支出の目的が接待，供応，慰安，贈答その他これらに類する行為を目的」とする費用ではないことは明らかである。つまり，「抽選会で景品を交付して会員の歓心を買い，もって，当該相手方との間の親睦の度を密にして取引の円滑な進行を図ろうとする趣旨にでたもの」ではない。

課税庁の主張

租税特別措置法において規定している交際費の要件は，第一に「支出の相手方が事業に関係ある者である」こと，第二に「その支出がかかる者に対する接待，供応，慰安，贈答その他これらに類する行為を目的とするものである」ことである。

オートオークションは，不特定の者が自由に参加できるものではなく，その参加資格は，中古自動車取扱古物許可証を有する等，限

られた者である。このことからも，景品交付の相手方であるオートオークションの会員が，納税者の「事業に関係のある者」に限られていることは明らかであり，また，景品購入の支出は「会員に対する贈答行為のために支出するもの」であるといえる。

したがって，抽選会の景品購入の費用は，交際費に該当する二つの要件を満たしており，交際費に当たる。

裁判所の判断

租税特別措置法は「交際費とは，交際費，接待費，機密費その他の費用で，法人がその得意先，仕入先その他事業に関係ある者に対する接待，供応，慰安，贈答その他これらに類する行為のために支出するもの」と規定しており，一般的にその支出の相手方及び支出の目的からみて，得意先との親睦の度を密にして取引関係の円滑な進行を図るために支出するものと理解されている。

また，オートオークションの会員になるには，中古自動車取扱古物許可証を有する者であるか，オートオークションの会員契約を締結した業者であって，かつ，オートオークションに参加を承認された者，又はオートオークションが特別に認めた者であることを必要とするから，「事業に関係のある者」に限られていたことは明らかである。

そして，抽選会の景品購入の費用は，抽選会における景品の交付，換言すれば，会員に対する贈答その他これに類する行為のために支出されたものであり，親密の度を密にして，取引関係の円滑な進行を図るために支出されたものということができる。

したがって，抽選会の景品購入の費用は，交際費に該当するため

の二つの要件を満たしており，交際費に当たる。

解説

　租税特別措置法に規定されている交際費とは，「法人が，その得意先，仕入先その他事業に関係のある者等に対する接待，供応，慰安，贈答その他これらに類する行為のために支出するものをいう」とあり，その内容に関しては，本事案当時のものとほぼ同様である。

　交際費に関する考え方は，時代とともに変化してきていることは明らかであるが，その判定に当たっては，経費を使った当事者の意識や感覚よりも，経理担当者の判断が優先されることは，今も昔も変わらない。なかでも，飲食等の支出に関しては，飲食を行った店の種類や金額により，経理担当者が自らの主観的判断に基づいて，交際費かどうか判断を行うことが少なくない。実際に誰とどのような目的で飲食を行ったかという部分は，二の次になることが多いのである。

　特に，大きな組織においては，経理担当者が支出本来の目的を当事者に確認することが難しい。そのため，税務対策上，金額の多寡，支出内容（食事・飲酒・贈答・便宜供与など），支払先（飲食店・物販店・高級店・量販店など），対象人数等を細分化した基準で機械的な選別を行うことが円滑な経理処理と考えられがちである。その結果，支出費用の対象となる者の性格や支出理由が忘れられ，当初，当事者の意図した目的と異なる展開となることもあり得るのである。

　本事案のように会員等を募り中古自動車等を販売するケースに限らず，会員を募り，その会員を中心に業務を行う企業では，支出が，まず，会員のみに対する支出なのか会員以外の者も含む支出なのか

をはっきりさせる必要がある。すなわち，支出費用の対象となる者の位置付けである。

　なお，地縁，血縁，縁故，取引先などの紹介によるビジネスが行われている業界では，会員組織に準じた経営とみなされる場合もある。このような業界では，いわゆる縁者の紹介等に対する紹介料や，情報提供料などの名目で支払われる金銭などを，交際費に該当しないと主張する見解が少なくない。それは，関係者の間で，紹介等に対してそれ相応の報酬的な金銭の授受があるという，暗黙の契約が成立していると認識・理解しているとされるからである。契約といっても書面による必要はないと考えるが，支出目的や支払基準を関係者間で明確にしておき，紹介等に対して授受される金額が事前に判断できるような工夫が必要である。

　なかでも，支払相手が個人と法人が混在する場合においては，個人に対する支出が，個人に対する単なる謝礼なのか，同業者としての業務に関連するものなのかによって，所得や費用の判断にも影響を及ぼす。さらに取引先法人に勤務する個人に対する支払などは，法人に対する支払を個人に仮装するという疑義も生じる。

　このような疑義に対しては，事前に契約書等の取り交わしはもとより，支払金額を源泉徴収し，支払調書を作成するなど，支出する企業の側にも事前対策が必要であろう。

【参考】　横浜地裁平成4年9月30日判決，東京高裁平成5年6月28日判決，最高裁平成10年1月22日判決
【参照】　措通61の4(1)－1，61の4(1)－8，61の4(1)－9

事例 ③ 事業関係者の範囲と費用の対価性

——観光バス運転手への心付けと交際費——

納税者の主張

　ドライブインを営む会社は，ドライブインに駐車した観光バスの運転手，バスガイド，添乗旅行斡旋業者等に対し手数料を支払っている。金額は広く慣行的に定額である。この手数料は，運転手等が観光客をドライブインに誘導して，客が食事をしたり土産品を購入したりすることの仲立的役務に対する対価として，あるいは乗客を誘導してくれた対価として支払われるものである。浪費的飲み食いの要素もないのであるから，冗費性はなく，交際費には該当しない。

課税庁の主張

　手数料は，ドライブインを営む会社が，自己の経営するドライブインに駐車した運転手等に，接待のための心付けとして現金を交付したものであるから，交際費に当たるというべきである。

　支出の相手方たる運転手等は，個人としてドライブインを営む会社のための役務を提供したのではなく，その所属するバス会社，旅行斡旋業者等勤務先の業務遂行の一環として，ドライブインに観光バスを駐車させ，その施設を利用したにすぎないのであって，運転手等がドライブインと客との間に立って，食事提供契約あるいは土産物売買契約を締結せしめることに尽力する積極的な活動は一切な

い。手数料支出の目的は運転手等の歓心を買うところにあり，何ら役務の提供に対する対価という関係の生ずる余地はない。

裁判所の判断

　手数料は，その支出の相手方がドライブインに駐車する運転手等であるから，事業に関係ある者に当たると解することができる。支出により観光バスのドライブインに対する駐車を期待するものであるから，この金員は，文字通り運転手の歓心を買うための「チップ」であって，対価性のない支出であり，その支出の目的は客誘致のためにする運転手等に対する接待であることは明らかである。

　交際費に当たるかどうかは，当該支出が事業遂行に不可欠であるかどうか，定額的な支出であるかどうかを問わないものと解すべきである。運転手等は，観光客の便宜と安全性の確認等のため，その業務の遂行として観光バスをドライブインに駐車するのであって，チップの対価として乗客を誘導するものとはいえない。運転手等が乗客とドライブインとの間において食事の提供や土産物の購入を媒介し，手数料がその媒介行為の対価として支払われたことを認めるに足る証拠はない。

解説

　本事案は，いわゆるドライブイン事件として名高い交際費課税に関する先駆的な判例であり，「事業に関係ある者」の範囲と支払事由について，今日でも示唆に富んだ事例である。

　「事業に関係ある者」の範囲は，税務の取扱いでは，直接事業に

関係ある者の他，間接的に利害関係にある者も含んでいる。つまり，直接の取引先ではなく，その間に入って仲介を行う業者や個人などもその対象になり得る。したがって，運転手等も間接的に利害のある事業関係者になることはいうまでもない。

　しかし，事業関係者に対する支払であっても，本事案において納税者が主張するように，ドライブインが運転者等に支払う金員に対価性があれば，例えば，販売手数料又は販売奨励費としての費用性が生じるというべきである。

　数あるドライブインの中から，停車するドライブインの選択は，運転手等の裁量である。そうしたなか，当該ドライブインのみから手数料がもらえるとすると，バスが停車する確率は明らかに高まるであろう。一方，ドライブイン側からすれば，施設利用に伴い，土産物等の売上，飲食等の売上などの増加が見込めることも事実である。運転手等の裁量による停車行為とドライブインの売上とは相関関係にあるといっていい。すなわち，対価性があるというのが，納税者の認識である。

　しかし，裁判所の判断では，運転手等の業務とドライブインの売上の増加とは無関係としている。文字どおり運転手の歓心を買うための「チップ」であって，対価性のない支出であり，その支出の目的は客誘致のためにする運転手等に対する接待であることは明らかである，と示している。

　海外へのパックツアーで経験することであるが，免税店や土産物店での買い物の際に，ツアー会社や航空会社の名称の提示を求められることがある。また，添乗員が懇意とする店に案内される場合もある。これらの背景には，売上高に応じた歩合計算による金員の授受が想像できる。このことを対価性のある行為と理解することには

異論はないはずである。

　本事案では，運転手等への手数料の支払は，業界の慣行であり，しかも定額であるという。すなわち，どのドライブインに停車しても運転手等はそれ相応の支払を受けるとするならば，仮にバスの停車によりドライブインの売上が増加したとしても，手数料の対価として考えにくい。

【参考】　東京地裁昭和50年6月24日判決，東京高裁昭和52年11月30日判決
【参照】　措通61の4(1)－13，61の4(1)－22

事例 4　支払の慣行と対価の認識

——バス運転手等へのチップ——

納税者の主張

　旅行業を営む納税者は，自社が主催するスキー旅行に利用するバスの運転手に対して，片道2,000円，往復4,000円を，観光旅行に利用するバスの運転手に対しては，1日2,000円（半日1,000円）を心付け（本件心付け）として支払っている。納税者は，本件心付けは交際費には該当しないと主張する。

審判所の判断

　①　納税者は，主催旅行において，旅行客の支払う旅行代金の中から，社内規定として定められた一定基準の金額を本件心付けとして支払っており，また，当該心付けの受取先である運転手らは，主催旅行の目的地等への運行を依頼したバス会社に所属する運転手であるから，納税者からみれば，事業に関係のある者に該当する。

　②　本件心付けが，運転手らに対して，何らかの収益効果を期待して支払ったものでないことは納税者も認めるとおりであり，運転手らも，主催旅行の運行を行うバス会社に勤務し，その業務としてバスを目的地等まで運転しているのであって，本件心付けを得ることによりバスを運転しているのではないと認められる。そうすると，本件心付けは，特定の役務提供に対する対価として支払われたもの

ではなく，納税者が主催旅行における旅程の管理の一環として，当該旅行を円滑に進行させるため，事業に関係する者に謝礼等として支払った金員であるということができる。

③　納税者は，本件心付けは旅行客が個々に支払うものを預かっただけであり，旅行会社が負担したものではない旨主張する。確かに，個人旅行者の中には，旅館等の客室係員やタクシー等の乗務員に対して心付けを支払う者も認められ，このような心付けの支払がおおむね一般的な慣行であることも認められる。

しかしながら，納税者は旅行客に対して，本件心付けに相当する金額を別に預かるか，あるいはすでに支払った当該心付けの金額を立替分として請求するような手続をしていないから，当該心付けは，他の旅行原価を構成する運賃や宿泊費等と同様，旅行客から受け取った旅行代金の中から支払われていると認められる。

そうすると，納税者が本件心付けを旅行客からの預り金又は立替金として実質的に管理していたとはいえないから，この点に関する納税者の主張は採用することができない。

④　納税者は，本件心付けの金額が一定の基準により見積もられていること及び旅行客も旅行代金に本件心付けが含まれていることを了解していること等を理由として，当該心付けが当社の支出する交際費でないと主張する。

確かに，旅行客は，主催旅行を申し込む等の際に，旅行代金に本件心付けが含まれていることが十分に認識できる状態にあると認められる。

しかしながら，旅行客は，あらかじめ定められた旅行代金を納税者に支払っており，旅行の終了後にその額が増減されることはないから，当該代金を旅行のサービスの対価の総額として認識している

ことは明らかである。

また，本件心付けを含む支払金額は，業務上の書類等に記載されているものの，納税者が旅行客に対してその内容等を明らかにすることはなく，旅行客もまた，どこにどのくらい支払われたかということまで知り得ないと認められる。

そうすると，主催旅行における個々の支払先や支払金額は，旅行客の具体的な意思によって決定されるのではなく，その旅行を計画・実施する旅行会社である納税者の判断と責任において決定されているというべきであるから，本件心付けについても，実質上旅行客が支払ったものではなく，納税者が支払ったものであると考えるのが相当である。

解説

いわゆるドライブイン事件の事例（**事例3**）では，ドライブイン会社がバスの乗務員・添乗員に支払う金員の対価性が議論の対象となった。本事案でも，同様にバス運転手へのチップが焦点であるが，支払者は旅行を企画・主催する旅行会社となっている。

団体旅行を企画する場合に，旅行社が提案する見積書には，乗務員等の宿泊費用やチップなどが一律の金額で計上されていることがあり，違和感を禁じ得ない。本来，バス会社が提示するチャーター料には，原価として乗務員等の宿泊費用は含まれるべきものである。別個に実費的性格として請求することが，長年の業界慣行とするならば，見直しすべき問題といえる。

同様に，チップはまさしく心付けとして，事前に請求されるべきものでもない。ただ，同好の集いである団体旅行の場合は，主催者

側（旅行の幹事）が乗務員等にチップを直接交付する慣習がある。そのため，参加会費を算定する予算の都合上，見積計上されているということはある。

　本件心付けの趣旨は，旅行を円滑に進行させるための謝礼であり，本来は，旅行を主催する旅行社が自費で支払うべきものといえる。裁判所も指摘するように，個々の参加者が乗務員らに心付けを支払う者もあるが，旅行客が一律に負担するものではない。

　旅行社の支払先が，バス会社と運転手らと異なるが，乗務員等の宿泊費用や食事代と同様に，本件心付けも，旅行社が，旅行客に請求する旅行代金の原価の一部を構成していることに変わりはない。

　仮に，納税者が主張するように本件心付けが預り金・立替金的性格の支払であるならば，経理区分はともかく，旅行客の参加人数により心付けの金額も増減するぐらいの考慮は必要である。

【参考】　国税審判所平成14年5月21日裁決
【参照】　措通61の4⑴－22

事例 5　業務との関連性

――ゴルフプレー費用――

納税者の主張

　納税者は，パチンコの営業等をしている青色申告法人である。納税者が支出したゴルフプレーの費用について，課税庁は，パチンコの営業に関係ないという。

　しかしながら，パチンコ店営業といえども，同業者，取引金融機関その他営業上の関係者と交際し，企業活動として金融，労務情報の収集を必要とする。ゴルフプレーの同伴者の中にも，同業者，金融に関係している者，賞品の仕入先，機械屋，税理士等が含まれている。これらの者と親睦を図ることにより，資金対策，賞品，機械の仕入れ，従業員の補充に有利になるのである。

　ゴルフプレー費用は，交際費として損金算入すべきである。

課税庁の主張

　納税者は，ゴルフプレー費用の使用目的，業務との関連性及び同伴者の氏名等を明らかにしなかった。税務調査により，代表者が個人的に親睦を深めるために支出したものであり，業務とは何らの関連もないものであると認められる。

　仮に，ゴルフプレー費用が納税者の業務に関連するか否かが不明であるとしても，客観的に納税者の業務との関連性が明確でないゴ

ルフプレー費用を損金に算入できないことは，一般に公正妥当と認められる会計処理の基準に照らしても当然のことである。

裁判所の判断

　①ゴルフプレー費用はいずれも代表者がプレーしたゴルフの費用であること，②その際の同伴者の多くは，代表者の友人等で，金融，キャバレー，パチンコ，土木等の事業をしている者であり，納税者の事業に直接関連する者ではないこと，③ゴルフプレーはいずれも親睦を主たる目的としたもので，それ以上の格別の意味はなかったこと，④代表者がゴルフ好きであったことなどから，ゴルフプレー費用は納税者の事業と関連性が認められず，交際費すなわち得意先，仕入先その他事業に関係のある者等に対する接待，供応，慰安，贈答その他これらに類する行為のために支出するもの，ということはできない。

　したがって，ゴルフプレーは，代表者が交遊を兼ねつつ自己の趣味として行ったものであるから，ゴルフプレー費用は代表者に対する臨時の給与として，役員賞与に該当するというべきである。

　なお，納税者はゴルフに出かけることで，同業者や他の事業者等から有益な情報を入手したり，従業員対策，資金対策の便を得たりすることができ，納税者の事業にとって欠かせない交際費であると主張する。しかし，それは実業家としての代表者個人の問題であるにとどまり，未だ納税者の事業との具体的な関連性に結びつく事柄ではない。

解説

本事案の係争時期は，昭和47年〜50年になる。この時期に娯楽施設利用税の対象にゴルフ場が含まれることが租税公平主義に抵触するかが争点となった著名な事件がある。最高裁はその判決において，ゴルフを「その愛好者は年々増加しているとはいえ，なお特定の階層，とくに高額所得者がゴルフ場の利用の中心をなしており，その利用料金も相当高額であって，ゴルフ場の利用が相当高額な消費行為であることは否定しがたい」と断じている（最高裁昭和50年2月6日判決）。

現在では，ゴルフは国民体育大会の競技種目であり，また，中学生がプロゴルフツアーに参加する時代でもある。時代の変遷と共にゴルフに対する見方も変化しており，当然，このことは税務の領域における認識も変わってきているというべきであろう。また，今日のように，複雑多様化している消費者のニーズに対応することが企業存続の成否を決する時代においては，さまざまな情報の収集が極めて重要といえる。これらの実情を踏まえると，「ゴルフに出かけることで，同業者や他の事業者等から有益な情報を入手したり，従業員対策，資金対策の便を得るために欠かせない交際費」とする納税者の主張は，現在では説得力をもつ。

もっとも，課税庁の主張によると，納税者は当初，ゴルフプレー費用の使用目的，業務との関連性及び同伴者の氏名等を明らかにしなかったなど非協力であったことから，課税庁は，調査により実態が判明したとしている。これが事実であるならば，当時のゴルフ観に基づいて，納税者が否認をおそれたことは想像に難くない。

使途秘匿金等としての意図的な行為はともかく，接待，供応，慰

安,贈答などに伴う支出について,目的や相手を明記し,業務との関連を明確にすることで費用性を立証する責任は,時代の流れに関わりなく納税者に課せられているものであることはいうまでもない。

【参考】　東京地裁昭和57年5月20日判決,東京高裁昭和59年4月26日判決
【参照】　措通61の4(1)－22

事例6 「その他これらに類する行為」の意義
―――英文添削費用の差額負担―――

納税者の主張

　製薬会社は，大学病院の医師等の研究論文について，英文添削する費用の負担をしている。この場合に，医師等から実際に受領している添削代金よりも多い差額費用部分は，医師等に対する交際費には当たらない。

　英文添削の対象者は，医学部又は医科系大学に所属する研究者であるが，その中には，製薬会社が製造・販売する医薬品の処方に携わらない基礎医学の研究者や，処方権限のない留学生，研修医，大学院生，大学又は付属病院の職員でない医員，さらに付属病院が新たに医薬品を購入する際に全く関与しないものが多く含まれており，すべてが事業関係者であるとはいえない。

　本来，大学の付属病院に勤務する医師は，高い倫理観に基づき，患者のために最もよいと考えられる医薬品の処方を行う。そのため，製薬会社が英文添削を行ったからといって，処方を左右できるものではない。

　また，英文添削により作成された論文が，すべて雑誌に掲載されるわけではなく，添削料金は支払ったものの，雑誌に掲載されずに終わっているものが大半である。そのため，英文添削によって好印象を抱かせたり，歓心を買ったりということは期待できない。

　そのうえ，添削料の支出の相手方である研究者は，製薬会社が英

文添削料の差額を負担していることを知らず，利益を受けたことの認識がなかったのであるから，支出は「接待，供応，慰安，贈答」あるいは「これらに類する行為」にも該当しない。

課税庁の主張

英文添削及びその経済的負担は，客観的状況からみて，支出の相手方である医師等にとって，一般的な飲食等に代表される接待交際と実質的に何ら代わりがない精神的な欲望を満たすものである。すなわち，医師等にとって，英語による研究論文を作成することは，その名声及び地位の向上という欲望を満たす重要な要素であり，製薬会社は，医師等のそうした欲望を満たすことが，取引先である医師との緊密な人間関係を構築するための有効な手段であることを十分に認識しており，医師等もそのことを認識したうえで利用できる立場にあった。

交際費の要件は，第一に「事業に関係ある者」，第二に「支出の目的がかかる相手方に対する接待，供応，慰安，贈答その他これらに類する行為のためであること」とある。製薬会社と医師等は，医療情報の伝達を介して必然的な関係があるため，事業の関係者に当たり，また，英文添削自体が医師等との親睦の度を密にして，取引関係の円滑な進行を図るために支出するものである。

裁判所の判断

交際費に該当するためには，①「支出の相手方」が事業に関係あるものであり，②「支出の目的」が事業関係者との間の親睦の度を

密にして取引関係の円滑な進行を図ることであるとともに，③「行為の形態」が接待，供応，慰安，贈答その他これらに類する行為であるとの三要件を満たすことが必要である。

英文添削の依頼者である研究者らが，①の事業に関係ある研究者に該当する可能性は否定できない。②の支出目的は，英文添削の依頼を受けるに際し，事前に公正取引委員会に確認のうえ，指導に従って料金をとることにしていた点や，当初，海外への研究論文を発表したいという若手研究者を支援するという目的であった点などからするに，当初から交際目的であったとは認めがたい。③の行為の形態は，英文添削の差額負担自体，相手方の歓心を買えるというような性質のものではなく，学術的要素が高い点，金銭の贈答などと同視できない点などからも，「接待，供応，慰安，贈答に類する行為」に該当するとはいえない。

以上の点から，英文添削の差額負担は，交際費に該当しない。

解　説

本事案の焦点は，交際費に該当する際の要件である。従来から，交際費として支出する相手が「事業に関係ある者」であり，「支出の目的」が「接待，供応，慰安，贈答その他これらに類する行為のためである」という二つの要件が満たされる場合には，交際費とすることが課税庁の見解である。

そのため，取引先等に支出する金額であれば，その支出の内容が何であれ，「その他これらに類する」支出に該当すると判断され，交際費として認定されることが多いのも事実である。つまり，この「その他これらに類する」という内容は非常に不明確であり，その

内容の解釈如何によっては，多くの支出が交際費として認定されるおそれが出てくる。

本事案では，裁判所は交際費として認定される要件として，①「支出の相手方」，②「支出の目的」，③「行為の形態」の三要件を挙げた。従来からの二要件に，「行為の形態」を追加して解釈しているのである。不明確概念である，「その他これらに類する」行為の判断基準を増やすことは，少しは実質的な検討も加味することができることになる。

例えば，支出の性質，すなわち相手方の歓心を買う要素が包含されているか否かを踏まえて検討することもできるのである。その結果，経理実務において，取引先への支出＝交際費という感覚で行われてきた処理方法に関していえば，より内容的に踏み込んだ判断を行う必要が求められることになる。

同様に，実質的な検討として，相手方が利益を受けたことを認識しているか否かという点も重要である。本事案では，相手方である医師等が，製薬会社が差額を負担していることを知らず，適正な対価として認識して利用代金を負担していたのであるから，差額負担の行為をもって，医師等から処方等にかかる便宜を図ってもらうことは期待できないと考えることは当然であろう。

差額負担により生じた経済的利益の享受を交際費とする見解は理解できるが，相手方が差額の存在を知らなければ，「接待，供応，慰安，贈答」あるいは「これらに類する行為」を受けているという認識も生じないはずである。

取引先企業に対する支出において，経理担当者は，実際に担当者等から取引先への支出内容を明確に確認することができない場合が多く，領収書等の金額や支出内容をある程度想像し，税務調査の際

に指摘される可能性が大きい支出に関しては，交際費として処理することが多かった点は否めない。今後，上記三要件が交際費の判断基準として定着するならば，支出内容の実質的検討が経理実務において必要になってくる。

ただ，本事案は特殊事情・業界での事例であり，実務に及ぼす影響が少ないという見解がある。確かに，医療機関と製薬会社・医療機器会社は密接な関係にある。その関係から，過去においては国公立機関における贈収賄事件が発覚したことは，決して少なくない。これらの業界事情を考慮すれば，英文添削の便宜を図ることは製薬会社の経営戦略の一環である，という指摘も強ち否定できない。

しかし，本事案の意義は交際費の判断において実質的な検討を提起したことであり，その意味から，裁判所の判断が今後の実務に及ぼす影響が多大になることを望みたい。

【参考】 東京地裁平成14年9月13日判決，東京高裁平成15年9月9日判決
【参照】 措通61の4(1)−1

事例 7　費用に占める交際費の要素

——ホステスの引抜き費用——

納税者の主張

　納税者は風俗営業を営む法人であるが，他店のホステス引抜きのために知人に依頼して渡した金銭，自分達が他店へ客として行った際の飲食費，他店閉店後のホステスを接待した費用，入店を承認したホステスへの支度金などは，ホステス引抜き費用とするべきである。

課税庁の主張

　ホステス引抜きに要した費用は，交際費である。

裁判所の判断

　風俗営業を営む法人が支出したホステス引抜きに要した費用は，他店のホステス引抜きのために知人に依頼して渡した金銭，自分達が他店へ客として行った際の飲食費，他店閉店後のホステスを接待した費用，入店を承認したホステスへの支度金などであり，その出費の明細については明らかでないが，事業に関係のある者等に対する接待，供応等のために支出する交際費に該当する。

解 説

　本事案は，風俗営業を営む法人のホステスの引抜きのために要した費用が，交際費に該当するか否かが争われた事例である。指名ナンバーワンなどといわれるホステスともなると，店の売上に大きな影響を与える。このことから，引抜きが盛んに行われているとされるが，当然，引抜きには多額の金銭が動く。

　いずれの業界も，一般的に，優秀な人材を育てることは，時間やコストがかかる。しかも，中小企業にとっては，自社で人材育成をする余裕がないという現実がある。優秀な人材を引抜く手法により人材を確保すれば，企業にとって即戦力となるのも当然である。風俗業界も同様といえる。

　ホステス等を引抜きのために要する費用は，以下のようなものが考えられる。

① 店が求人のために行う説明に要する費用
② 引抜くホステス等を探すため，自分達が他店へ客として行った際の飲食費用
③ 他店のホステス等を引抜きのために知人に依頼した場合の紹介手数料
④ 他店閉店後のホステス等を接待した費用
⑤ 入店後の待遇等の打合わせ費用
⑥ ホステス等に対する引抜き料としての一時金及び支度金

　④については，接待の対象となるホステスが，事業関連者という視点に立てば交際費に該当するだろう。①と⑤については，広い意味で考えれば，会議に該当すると考えられるので，その説明会や打合せに通常要する費用であれば，会議費又は求人費に該当し，交際

費には該当しないと考えられる。

　会議費と交際費の区分については，明確に区分することは容易ではない。例えば，来客との商談や打合わせなどをする場合に，それに伴って飲食することがある。通常であれば会議費として取り扱われるが，その内容によっては，交際費として取り扱われる場合がある。高級料亭等での打合わせをした場合には，会議に通常要する費用とは認められないことから，交際費として認定される場合などがその例である。

　②については，飲酒を伴うことから交際費に該当すると機械的に判断するのではなく，あくまでも引抜くホステス等を探すという目的のために伴う飲食費用であるのだから，飲食に通常要する費用の範囲を超えない程度であれば，調査費又は求人費として取り扱われるのではないかと考えられる。

　③については，情報提供又は仲介等を業としない者に対して情報提供料や手数料等の費用を支払った場合には，その行為が交際費と類似していることから，それらの費用が交際費に当たるかどうかの区分が問題となる。このような費用は，今後も情報提供等を期待して支払った心付けのようなもので，いわゆる社交儀礼的な費用として交際費に該当すると考えられる。しかし，契約による情報提供料や手数料等の支払の場合には，交際費に該当しないとされている。

　⑥の引抜き料としての一時金及び支度金については，入店に際しての一種の契約金と考えられるので，接待，供応，慰安，贈答その他これらに類する行為によるものではなく，交際費に当たらないとされる。

　以上の点を踏まえて考えると，裁判所の判断は，ホステス引抜きに要した費用の明細については明らかでないとしたものの，他店の

ホステス引抜きのために知人に依頼して渡した費用，自分達が他店へ客として行った際の飲食費，他店閉店後のホステスを接待した費用，入店を承認したホステスへの支度金として出費した費用については，交際費に該当するとしている。

なぜ，裁判所がこのような判断をしたのかは明確にされていないが，これらの費用が交際費に該当するかどうかは，あくまでも事実認定によるべきではないだろうか。裁判所が一律に交際費と判断したことは疑問であるが，交際費と認定されないための実務的な対策としては，支出の意図を明確にしておくことが重要であると考える。

本来，ヘッド・ハンティングなど有能な人材確保に伴う費用は，本質的には交際費と異なる支出といえる。本事案は，接待などの舞台となる飲食行為が主体となる業界における事例であることから，ある種の先入観があることは否めない。

【参考】 大阪地裁昭和57年9月28日判決，大阪高裁昭和58年12月22日判決，最高裁昭和60年4月25日判決

【参照】 措通61の4(1)-21，61の4(1)-8，法基通8-1-12

事例 8　役員の慰安としての交際費

――ホステスの募集費用――

納税者の主張

　納税者はクラブを経営する法人である。クラブのホステス募集に当たり，自社の役員が他人の経営するクラブ，キャバレー等に出向いて飲食し，他店のホステスとの交際を広げておき，自店のホステスが退社したとき，すぐに他店のホステスを引き抜き，欠員を補充できるようにしなければ経営は成り立たない。

　特にホステス争奪戦の激しい時期であったため，通常の時期よりもホステスとの交際を広げておく必要があり，他店での飲食の必要性が高かった。

　そのため，ホステス確保のために社内の者が他店で飲食した費用は，募集費として損金算入が認められるべきである。

課税庁の主張

　納税者の役員等が他人の経営するクラブ，キャバレー等において行った飲食は募集費ではなく，当人らの慰安のために支出した費用であり交際費に該当する。

裁判所の判断

納税者は他店で行った飲食は募集費であると主張するが，納税者の役員等はほとんど連日のように他店で飲食したと認められるばかりでなく，同一の日に複数の支出がなされている日も少なくない。

ホステス引抜きのために連日のようにしかも同一の日に複数の他店で飲食することは通常考えられないことであるから，そのすべてが納税者主張の募集費であったと認めることは到底できない。

また，飲食の中に納税者主張の募集費的内容が含まれていたとしても，どの飲食が募集費に該当するかを認めることはできない以上，他店での飲食に要した費用全額が納税者の役員等の慰安のための費用として交際費に該当すると認めるのが相当である。

解説

クラブやキャバレー等の飲食店経営において，ホステスの確保は死活問題であるが，現在では店の役員が直接飲食店に出向いて引抜きなどを行うことよりも，専門の募集会社やスカウトなどを利用して行うケースが多いと思われる。

本事案で問題となっているのは，役員等が行った他店での飲食が募集活動のための費用であるのか，もしくは単なる役員の慰安等のために行われた飲食にすぎないのかという点である。裁判所の判断においても，「連日のようにしかも同一の日に複数の他店で飲食」とあり，本来的な募集活動を逸脱している点が指摘されている。実際に募集のための飲食であるならば，同業の店に適度な頻度で通うなど露骨な引抜きを感じさせない活動が求められるのが通常の行為

と考えられる。

　このようなホステスの募集活動などと同様に，飲食店などの新規出店に際して他店の調査費用などが損金として扱われるかどうかが問題になるケースがある。共通していえることは，調査の実態を備えており，その上調査費用として相当の金額の範囲内であることが求められる。つまり，本当に調査目的であるならば，対象が絞られ豪華な飲食や不特定多数の店に行く必要はないと考えるのが自然である。

　ホステスの引抜き目的であるとして損金に算入するためには，「どの店に」，「誰を引き抜くために」，「いつ通い」，「結果として成功した・失敗した」等の記録が必要だろう。

　飲食店の調査費であるならば，調査自体が業務遂行上必要であり，飲食の内容が調査に通常必要な範囲であることを，報告書等で明らかにされている場合には，会議費などと同様に，交際費には該当せず損金に算入できるものと考えられる。もちろん，出店する飲食店の内容によっては，飲食の内容が通常程度を超える場合もある。この場合にも，フランス料理ならば同程度のフランス料理店，中華料理であるなら同程度の中華料理店というように，調査業務のサンプルとして必要であることが立証できるならば，この限りではない。

　しかし，飲食店などの調査が結果として，業務に必要な程度を超える内容や，必要と思われない店での飲食などの場合には，個人的な飲食であるとして，従業員の場合は個人の給与，役員の場合は役員賞与に該当する。また，調査と同時に従業員の慰安などのために行われた飲食では，接待と変わりないため，交際費として扱われる場合も出てくる。

　いずれにしても，調査に要した費用を損金に算入するためには，

調査報告書などの作成はもちろん，付随する飲食が業務遂行上不可欠であることを立証する必要があると思われる。

【参考】　東京地裁昭和55年6月2日判決，東京高裁昭和56年5月28日判決，
　　　　　最高裁昭和57年11月30日
【参照】　措通61の4(1)−21

事例 ⑨ 少額支出の交際費
——交際費課税の要件と支出額の多寡による判定——

納税者の主張

納税者は，家具卸を業とする同族会社である。社内で，社長，専務取締役等の指示によらず，担当職員の判断で処理される昼食弁当等の少額なもの（うなぎめし単価600円，ちらしずし単価450円）については，交際費課税の適用外と認識している。したがって，各事業年度分の申告に当たり，法人税申告書の「支出交際費等の額の明細」の「交際費等から控除される費用の額」欄に記載して，交際費課税の適用対象から外している。

課税庁の主張

交際費については，客観的にみて，その支出が得意先，仕入先，その他事業に関係のある者に対する接待，供応，その他これらに類する行為に当たると認められる限り，支出の主観的意図が何であれ，措置法の規定する交際費に該当する。納税者が主張するような，金額の多寡による判断をするものではない。

審判所の判断

　租税特別措置法は，法人が事業に関係のある者に対する接待，供応等の行為のために支出する費用を交際費とする旨を規定する。これには，得意先，仕入先等社外の者に対する接待，供応に要した費用で，寄附金，値引及び割戻し，広告宣伝費，福利厚生費及び給与等を除いたすべての費用が該当する。交際費から除かれる費用については，租税特別措置法施行令で明示している。

　したがって，租税特別措置法の規定は，出された個々の費用の額の多寡により適用されるものではなく，納税者が，支出する交際費のうち，昼食弁当等の少額なものを除外して租税特別措置法の規定を適用し，交際費の損金不算入額を計算したことは失当である。

解　説

　措置法の交際費課税の規定では，交際費について，「交際費，接待費，機密費その他の費用で，法人が，その得意先，仕入先その他事業に関係する者等に対する接待，供応，慰安，贈答その他これらに類する行為のために支出するものをいう」と定めているにすぎない。つまり，交際費課税の対象となる交際費の範囲について，具体的に明文化されていない。ただ，交際費から除かれる費用が，政令で次のように定められているにとどまっている。

① 　カレンダー・手帳・扇子・うちわ・手ぬぐいその他これに類する物品を贈与するために通常要する費用
② 　会議に関連して，茶菓・弁当その他これらに類する飲食物を供与するために通常要する費用

③　新聞・雑誌等の出版物又は放送番組を編集するために行われる座談会その他記事の収集のために，又は放送のための取材のために通常要する費用

したがって，交際費課税の対象となる税法上の交際費の範囲は，納税者及び課税庁の双方の都合で，広くも狭くも解釈することができる。

　本事案で，納税者は，「昼食弁当等の少額なもの」は交際費に該当しないと認識しているという。納税者が考えている理由を想像するならば，二つ挙げられよう。

　その第一は，少額なものを，上記②のいわゆる会議費と想定している場合である。納税者が同族会社であることから，会議といっても大げさなものでなく，単なる打合わせ程度のものであるかもしれない。税務の取扱いでも，会議には「来客との商談，打合わせ等」も含まれるとしているから，それも会議であることはいうまでもない。

　政令の規定にいう，「会議に通常要する費用」を，高額な支出ではなく，少額な支出と解釈しがちである。税務の取扱いでも，会議費の定義を，「会議に際して社内又は通常会議を行う場所において通常供与される昼食の程度を超えない飲食物等の接待に要する費用」と明記している。

　確かに実務上，支出金額の多寡が判定に及ぼす影響は大きい。しかし，この「会議に通常要する費用」とは，いくらまでは認められるかという上限額を考慮したものではない。場所，内容，参加者，開催時間など会議の規模に応じて，当然かかる費用であるなら，仮に高額な支出であっても否定されるべきものでもない。

　その第二は，本来，接待・供応とは，高額な支出を伴う行為であ

るから，少額な費用による食事の提供など，接待・供応に含まれないという考えである。本事案では，「昼食弁当等の少額なもの」は，社長等の承認・決裁を必要とせずに，事務的に処理されていることを踏まえると，納税者の考えは，これに近いかもしれない。

　しかし，交際費の範囲は，客観的にみて，その支出が得意先，仕入先，その他事業に関係のある者等に対する接待，供応，その他これらに類する行為のための支出である。支出金額の多寡ではなく，その内容である。

　本事案では，納税者がその主観的意図と手法で，決算時に一律，除外した「昼食弁当等の少額なもの」が，全額，交際費に算入されてしまった。この除外した費用には，会議費的費用も当然，含まれていたとしてもおかしくない。決算時にいわば金額基準で一律に除外する処理は，実務上の便宜的な手法として採用されたはずである。この方法では，単なる勘定科目の取扱いではあるが，当初は交際費と認識していたはずと，誤解を招くおそれもある。結局，個々の取引に応じた税務判断と会計処理による決算及び申告書の作成が，経理の王道といえるのであろうか。

　なお，平成18年度の税制改正では，「1人当たり5,000円以下の飲食費」が，交際費課税の範囲から除かれた。まさしく少額の支出が焦点となるが，この場合であっても支出内容の検討が重要であることはいうまでもない。

【参考】　国税不服審判所昭和53年12月20日裁決
【参照】　措法61の4，措令37の5，措通61の4(1)-22

事例10　交際費支出の主体
――交際費支出の相手方に関する客観的資料の提示――

納税者の主張

女子学生服の縫製加工業を営んでいる納税者が行った確定申告において計上した中元及び歳暮の費用，親睦旅行会に際し支出した費用は交際費である。

課税庁の主張

納税者の支出した交際費における中元及び歳暮の品物は，得意先の社員8名，自己の従業員3名及び外注先3名に毎年贈ったものであり，その代金は各年16万円であった。また，得意先の社員に対し，各年コーヒー代4万8千円，食事代9万6千円，飲食代6万円を支出し，得意先の親睦旅行に際して交際費として各年5万円を支出した。

これらの支出を証明する資料は，贈答品に関しては控等を保存しているものの，相手先の氏名を内密にしたいことから証拠として提出する意思がなく，その他については領収書を受領していなかったり，紛失したため現存せず，すべて記憶に基づき支出額を算出したものである。そのため，これら交際費は否認する。

裁判所の判断

　交際費は，事業者の事業規模，取引先等の数等から社会通念上相当と認められる範囲，金額については，領収書等の客観的な資料が存しなくてもこれを必要経費として認めることができるが，その範囲を超えるものについては，客観的資料に基づき支出が現実になされたこと及び事業遂行上必要であったことを立証する必要がある。

　本件において，客観的資料なしに必要経費として認められるのは，せいぜい得意先の社員数名に対する中元及び歳暮の品物代金として年間5万円の支出にとどまるというべきである。

解　説

　本事案は，所得税法における必要経費としての交際費の事例であるが，交際費の本質について言及している。

　交際費に該当するかどうかの判断要素として，①「支出の相手方」が事業に関係ある者等であること，②「支出の目的」が事業関係者との間の親睦の度を密にして取引関係の円滑な進行を図ること，③「支出の基因となる行為の形態」が，接待，供応，慰安，贈答その他これらに類するものであること，という3点を挙げることができる。

　通常，交際費に該当する支出の相手方は，「得意先，仕入先その他事業に関係のある者等」とされているので，直接取引関係のある者だけを指しているのではない。例えば，現時点では，直接・間接の取引はないが，近い将来事業の関係を持つ者や，新規に取引を開始しようとするものも含まれるものと解される。

本事案では，納税者は，「支出の相手方」について，得意先社員の氏名を挙げていない。贈答先の実名を挙げず，その上，客観的な支出の事実を確認できる資料も提示されないことから，結果として交際費としての支出の立証を行うことができなかった。
　確かに，交際費の中には，香典や祝い金等のように，相手先から領収書をもらうことが不自然なケースも多々あることは事実である。実務の中では，香典などは葬儀に参列した際に会葬御礼品と一緒に渡される挨拶文に出金伝票などをあわせて保存する対応がとられるケースも多い。
　しかし，本事案においては，取引先ではなく，取引先の従業員への中元・歳暮などである以上，多くの場合直接個人の自宅に配送されることが多い。百貨店などで購入し直送する場合，送り状の控えも一覧となって渡されるはずである。
　つまり，その一覧をもってその送り先の相手が，事業に関係ある者かそうでない者かの判断要素となる。それ以外の方法で事業に関係ある者への支出であることを証明することはなかなか難しい。
　最近では，インターネットなどを利用した場合，送料が無料となることから，企業が徐々にインターネットを利用して中元・歳暮を手配するケースも増えてきている。さらに，サービスの一環として，送り先の住所管理はもとより，過去の購入履歴を提供する業者も出てきており，ますます便利になってきていることは明らかである。
　従前でも，百貨店の外商を利用している企業においては，中元・歳暮の贈答先リストの中に，経営者の個人的な贈答先が記載され，税務調査などの際の指摘事項となる場合があった。
　今後，百貨店などもインターネットを利用した顧客への優遇と，贈答先情報の管理により顧客のさらなる囲い込みが進むものと思わ

れる。そうした流れの中で，今後は，もう贈答先を提示できないという言い訳は通用しなくなるのかもしれない。

【参考】　大阪地裁昭和60年12月20日判決，大阪高裁昭和63年5月21日判決
【参照】　措通61の4(1)−22

事例 11 交際費の共同支出
——共同支出の認定と限界——

納税者の主張

納税者は，本店を英国に置き，世界各地に営業所及び子会社を有し，輸出入業務，海運，トラベルサービスその他多岐にわたる営業を営む商社である。日本における営業所の消費材事業部は，外国醸造業者や製造業者の日本における総代理店として，外国メーカーのウイスキー等の洋酒及び菓子類の輸入，販売を行っている。

納税者が洋酒等を販売するためには，日本国内における広告宣伝活動が不可欠であり，外国メーカーの一定の負担のもと，外国メーカーと共同して広告宣伝及び販売活動を行っている。

これら宣伝広告活動が交際費であるとしても，納税者及び外国メーカーが双方にとって共通の経費であるとの認識のもとに外国メーカーが一定額の負担を約束し，現実に支出がなされたものであるから，外国メーカーの負担分は外国メーカーに帰属すべき交際費であり，納税者が支出した交際費ではない。

課税庁の主張

2以上の法人が接待や供応等の交際行為を共同して行った場合，もしくは製造業者等が卸売業者と協賛又は共催の形で交際行為を行った場合，これらの法人が交際行為に係る費用を分担して負担し

たときは，その負担金は交際費に該当する。

つまり，交際行為を行う2以上の法人が共同して交際行為を行い，その費用を分担支出したときは，それぞれの法人の負担額がそれぞれの交際費となるのである。

本件においては，交際行為を行う相手方に対し，納税者以外に外国メーカーをも含めた交際行為であると認識し得るような客観的状況は存在せず，外国メーカーからの資金提供の意図も交際行為に対する負担ではない。

以上の点からも，共同交際費支出の要件を欠いており，納税者と共同して外国メーカーが負担する交際費の支出があった事実はない。

裁判所の判断

2以上の法人が共同して交際行為を行ったということができるためには，原則として2以上の法人が共同して交際行為を行うという「共同の意思」という主観的要件が必要であり，また，交際行為の一部負担という客観的要件が必要となる。

したがって，ある法人が他の法人に交際行為の企画・立案・実施のすべてを委ね，しかも事前にいかなる交際行為が実施されるのか認識すらしていないような場合は，当該法人は他の法人と共同して交際行為を行ったと評価することはできない。

解説

2以上の法人が共同して接待，供応，慰安，贈答等の行為を行う場合は珍しくない。例えば，卸売業者などが自社の商品を扱う小売

店を旅行に招待する場合など，旅行にかかる費用の一部をメーカーに負担させるケースや，下請企業などが組織した団体が行う協力会などが，親会社などを接待するために行う宴会など，さまざまなケースが考えられる。

　通常，このような交際目的の旅行や宴会が行われる場合，事前にどのような内容で行い，また各社の負担に関してもどのような形で行うか，あらかじめ文書等で取り決めがされている場合が多いように思われる。

　ただし，共同開催という形で行われる場合であっても，実質主催する1社が企画運営を行い，後日負担に基づく請求を行うケースも存在する。もしくは，あらかじめ協賛金などの形で支出を行い，後日精算を行う形も考えられる。いずれにしても，交際行為に関する部分に関して，実質的に共同して行われるケースばかりとはいいにくいのが現状である。

　本事案においては，外国メーカーからの支出が，使途に関しての内容を問わないリベート的な要素が多いのではという課税庁側の疑念が発端であろう。これに対して，納税者の主張した共同交際行為は，否認された。

　いずれにしても，共同交際行為であり，各社の負担に該当する分に関して，各社の交際費であると立証するためには，事前に交際費負担に関する契約書，合意書などの取り決めを交わすことや，実質的に交際を行う現場で交際行為を共同して行ったことの証明などが必要となる。

　平成18年税制改正において，1人当たり5,000円以内の飲食費（社内飲食費を除く）が一定の要件の下で交際費の範囲から除外されるよう規定された。

これに伴い，身近な問題として，2社が共同して飲食などの接待を行った場合，2社それぞれの費用負担の中で，人数割りをしてよいかどうかという事例も想起できる。

　例えば，全体として10人の飲食費の出費に当たり，全体金額として8万円の出費を伴う場合，通常1人当たりの飲食費は8,000円となり，接待交際費の金額から除くことはできない。しかし，これを2社で共同して行い2社で折半した場合，1社当たりの負担は4万円となり，人数10人で割ると4,000円になるという考え方も存在する。

　しかし，本来は一の交際行為に関して，1人当たり5,000円以内であったかどうかという点が判断要素となる。つまり，一の交際行為に関する全体金額と人数で考えた場合，その金額は1人当たり5,000円を超えてしまう。当該交際行為に基づく支出である以上，どのように分割し負担したこととしようとも，交際行為による支出であると考えるのが自然であろう。

　また，2社それぞれが負担した金額のみを記載した領収書を各社宛に発行し，5,000円以内の飲食行為であったように偽ることは，仮装隠ぺいに当たる場合があるので注意が必要である。この場合，主催する1社が飲食にかかる領収書をもらい，他方の会社は主催する会社に負担すべき金額を支払い，主催会社から負担分としての領収書を受領することが望ましいと考える。

【参考】　東京地裁平成2年3月23日判決
【参照】　措通61の4⑴−23

事例12 交際費，寄附金，福利厚生費の関連性
——グループ3社の共同社員旅行——

納税者の主張

グループ3社が合同で行った社員旅行は，グループ3社の社員の慰安のための旅行である。このグループ3社は，グループ企業の関係にあり，共に発展していくことを目標にして企業経営を営んでいる。参加者は，納税者の会社から2名，A社は14名，B社は2名の合計18名である。

この社員旅行に要する費用のうち，納税者が負担すべき費用は500,000円であり，福利厚生費として妥当な金額である。

しかし，課税庁が計算した納税者の負担すべき金額は，148,111円であるとし，その金額を超える額はA社に対する経済的利益として無償の供与であり，寄附金に該当するとの課税処分は事実誤認及び法解釈上の誤りがある。

仮に課税庁の主張のような事実があったとしても，その負担額は寄附金ではなく，交際費に該当することは明らかである。

課税庁の主張

グループ3社が合同で行った社員旅行の総額は，2,666,000円で，参加人員18名であるから，1人当たりの費用は148,111円である。納税者に所属するものとして参加した2名は，納税者の役員である

と同時にA社の役員をも兼ねており，この社員旅行の費用はA社と折半するのが相当である。

したがって，納税者が負担すべき社員旅行にかかる費用の額は，148,111円である。

すなわち，納税者が負担すべき社員旅行にかかる費用の額を超える額351,889円は，本来A社が負担すべきものを納税者が代わって負担したこととなり，A社に対し同額の経済的利益を供与したことになるから，寄附金に該当する。

審判所の判断

企業グループに属する関係会社が共同して行事を行う場合，その共同行為により生じた経費は，合理的な基準により関係会社に配分されることを要するが，その配分比率は，必ずしも算術的に平等である必要性はなく，合理的な理由がある限り傾斜配分することも認められるものである。

本件では，グループ3社の共同社員旅行に関し，社員旅行の参加者1人当たりの費用は18万余円と算定されること，参加者18名のうち納税者の業務に常時従事していた者は3名であること，及びその旅行の企画立案・手配等をA社が行っていること等の事実が認められること，これらの事実を考えあわせると，上記3名の全員がA社の役員又は使用人を兼務しているとはいえ，負担額は著しく合理性を欠いた配分によるものとは認められない。

また，この旅行は，従業員の福利厚生を目的とするレクリエーションとして社会通念上一般的に行われている程度のものと認められるから，負担額は，その全額を福利厚生費として損金に算入する

のが相当であり、したがって、負担額の一部について、これを交際費等に該当するとする納税者の主張及びこれを寄附金に該当するとする課税庁の主張は、いずれも採用することができない。

解　説

　本事案は、寄附金と認定されたグループ3社の共同社員旅行に要する費用のうち、納税者が負担すべき額は、著しく合理性を欠く配分とは認められず、その全額を福利厚生費として処理するのが相当であるとされた事例である。

　課税庁の見解は、納税者が負担すべき社員旅行にかかる費用の額を超える額について、A社に対する経済的な利益の無償の供与であるとし、寄附金と認定している。寄附金とは、寄附金、拠出金、見舞金その他いずれの名義をもってするかを問わず、法人が行う金銭その他の資産又は経済的な利益の贈与又は無償の贈与をいうが、実務上において、寄附金は、交際費と類似していることから、寄附金であるか交際費等であるかの区分が問題となる。

　寄附金と交際費との区分において、税務の取扱いでは、事業に直接関係のない者に対して金銭、物品等の贈与をした場合において、それが寄附金であるか交際費であるかは個々の実態により判断することとなるが、金銭でした贈与は原則として寄附金とするものとされている。

　さて、法人が共同で旅行や懇親会等をする場合は、原則として、そのかかる費用は、各社ごと必要に応じた金額を負担することとなる。しかし、各社が負担すべき金額を特定の会社だけが負担する場合には、本来、各社が負担すべきものを特定の会社が代わって負担

したこととなるため，各社に対し経済的利益を供与したこととなる。この負担額が，交際費となるか寄附金となるかは，税務の取扱いによれば，この判断基準は，「事業に直接関係」があるか否かになる。本事案のような企業グループの共同社員旅行ではなく，同業他社が合同で社員旅行を実施したような場合などには，各社相互の「事業に直接関係」が検討されよう。同業他社との関係が，競業関係にあるのか協業関係にあるのかが議論の対象となるといえる。

　本事案では，グループ3社の共同社員旅行にかかる負担額の配分比率が争点となっている。

　負担額の配分比率について，審判所は，企業グループに属する関係会社が共同して行事を行う場合，その共同行為により生じた経費は，合理的な基準により関係会社に配分されることを要するが，その配分比率は，必ずしも算術的に平等である必要性はなく，合理的な理由がある限り傾斜配分とすることも認められるものであると判断している。

　本事案における企業グループに属する関係会社の相互関係については，明確ではない。しかし，合同で社員旅行を行う親密さ，役員又は使用人として相互に人事交流があることなどを踏まえると，グループ各社の事業性は一体化しているとも考えられる。グループ全体を一つの事業体とし，社員旅行を事業体の福利厚生活動と考えれば，審判所の判断は極めて合理的といえよう。

　いずれにしても，負担額の配分比率については，合理的な理由がある限り，諸般の事情を考慮した傾斜配分とすることも認められるのであるから，慎重に検討することが望ましい。

【参考】　国税不服審判所平成3年7月18日裁決
【参照】　措通61の4(1)—2

事例13 交際費支出先の開示

――交際費支出先の不開示と交際費の意義――

納税者の主張

倉庫会社代表者である納税者が支払った食糧庁関係者のマージャン接待は，K旅館に対し支払ったものであり交際費である。

接待の相手方の氏名を開示すると贈賄罪として刑事責任を問われるおそれがあるので，相手方の所属官庁，部は開示したが，個人名については調査に応じなかった。そのため，課税庁は相手先の氏名を明らかにしなかったというだけで，交際費であることを否認した。

こうした処分は，納税者の黙秘権を侵害するものであるから違法である。

課税庁の主張

納税者がマージャン接待に利用したK旅館の代表取締役は，納税者の妻であり特別な関係にある。

マージャン接待に利用した人数は，過去3年間，101回（延べ626人），91回（延べ480人），95回（延べ466人）と多人数にわたる。また，納税者がかつて食糧庁に勤務した経歴からも，個人的に親しい関係にあったと推測される。

これら接待の相手方，会社との事業関係に関して明確な回答が得られないことなど総合勘案すると，納税者が接待名義で支出したも

のについて費途が明らかでなく，法人の事業に関係ないものであるから損金に算入されるべきではない。

裁判所の判断

　接待交際費の名目で支出されているからといって直ちに法人税法上損金で認められるわけではない。損金として認められるためには，その費途が明らかであって，法人の事業遂行に関連あるものであることを要する。

　本件においては，納税者とK旅館が特別な関係にあることや，接待として支出された回数などを総合的に考慮に入れた場合，納税者が食糧庁関係者を接待の対象としなければならない業務遂行上の必要性，業務との関連が明らかではない。

　また，交際費として認容されるためには，接待の相手先の氏名開示が必要であるが，反対に開示したからといって必ずしも交際費として認容されるわけではない。そのため，課税庁が交際費を否認したことは，納税者が相手先の氏名を開示しなかったことによるものではなく，違法ではない。

解　説

　交際費とは，「法人がその得意先，仕入先その他事業に関係ある者等に対する接待，供応，慰安，贈答その他これらに類する行為のために支出するもの」である。つまり，得意先，仕入先その他事業に関係ある者等に対する支出であることが前提となる。

　本事案では，納税者が相手先の氏名の開示に関して，黙秘権の侵

害を主張し開示を拒否しているが，相手先氏名の開示がなされないから交際費が否認されたのではない点に注視しなければならない。

仮に，相手先氏名が開示されたからといって，事業関連性がない場合には，交際費とすることはできない。「相手先の氏名を開示しないことは，交際費であることの認定を困難とする事情の一つとなったとしても，交際費として認定されるための不可欠な要件ではない」と裁判所も指摘している。

本事案に出てきた食糧庁（平成15年廃止；現・農林水産省総合食料局）の関係者に対する支出は，社長の個人的な付き合いの中から生じた支出であり，本来であれば会社から支出する性質のものではないと思われる。ただ，納税者が「贈賄罪として刑事責任」などと主張することを踏まえると，食糧行政と倉庫会社との関わりについて憶測することも可能であるが，明確なことは判然としない。

こうした事例は，通常の会社においても無縁ではない。例えば，会社代表者が学生時代の同窓会に出席し，そこで払った会費や，同窓会名簿への広告掲載のための費用などもこれに該当することが多い。

確かに，会社の営む業種によっては，社長が同窓会に出席，また同窓会名簿等に広告が掲載されることで，将来商売につながることもあるかもしれない。

例えば，小売業を営んでおり，商売のPRを行うことで，販売促進につながったりする場合もある。また，同窓生の何人かが既に顧客という場合もあるであろう。このような場合，事業関連性を立証することにより，交際費の一部や広告宣伝費などで認められるかもしれない。

しかし，現実的には直接商売と関係ないケースが大半であり，代

表者個人の成功をＰＲするための行為と認められるような場合には，本来的には社長個人が負担すべきものであり，会社が負担すべきものではない。そのため，交際費ではなく，社長個人に対する給与（賞与）として扱われるケースが多い。

【参考】　東京地裁昭和51年7月20日判決，東京高裁昭和53年11月30日判決，最高裁昭和54年9月20日判決

【参照】　措通61の4(1)−1(5)

事例 14　交際費等の対象者の範囲と福利厚生費

――代表者ひとりの飲食代と費用性――

納税者の主張

　納税者は，大手の自動車会社を得意先とする産業用機械器具の製造販売及び整備を業とする従業員30名程度の法人である。作業は，得意先の機械が作動していない時間に注文機械の設置又は整備清掃せざるを得ない。そのため作業時間は，平日は，夜間作業が常態であり，土曜日は，夕刻から深夜，日曜日は徹夜して月曜の明け方に至ることもある。

　そのため従業員に対し夜間に補食させることが不可欠となるが，社内食堂がないために社外の飲食店を利用せざるを得ない。業務の特殊性に照らすと，社内に取り寄せた食事代及び作業グループごとに従業員が機会を分けて社外で食事を主体とする飲食をした代金たる係争支出額は，福利厚生費に該当することは明らかである。

　課税庁は，飲食した者が一部の役員及び従業員に限られ裁量的判断で飲食が行われていること，飲食の場所が社外のバー等であること，飲食の内容が酒類を主体とするものであることを指摘する。しかし，密度の高い深夜作業で従業員の労苦が多かったときは，作業に従事した者全員に対して慰労の呼びかけを行っている。役員は従業員に対するねぎらいと仕事の打合わせの必要から同席していたのである。飲食の場所は，たまたま深夜営業をしている小規模なバー等を利用したのにすぎない。従業員の肉体的疲労と精神的緊張をほ

ぐして慰労するためには酒類を伴うことがあるのは当然である。酒類の提供があればすべて交際費になるとするのは社会常識に反する。

裁判所の判断

<第一審>

納税者においては、従前から、代表者又は幹部社員が作業の終了後に夜間他の社員やアルバイトの者を誘って、納税者の費用負担により飲食させることがあった。

代表者は、独身で酒好きであることも手伝ってその回数は月数回から十数回になり、大抵は代表者も飲食に加わっていた。そのほか、代表者がひとりで飲食し、その費用を納税者が負担した場合もある。これらの飲食は、社外の飲食店から食物を取り寄せて会社内で行われたこともあるが、ほとんどは社外の飲食店において行われたものである。本件の係争支出額たる飲食代金は右のような飲食のために納税者が負担した費用である。

代表者ひとりによる飲食代金の趣旨につき、代表者は、自分自身の慰労のためであったと供述する。しかし、同人が酒好きであったことや、飲食の回数、内容、場所等から考えると、特段の事情の窺われない本件においては、むしろ同人個人の私的遊興を主としたものと認める外ない。

したがって、それらの支出は、福利厚生費でないものはもとより、交際費でもなく、役員に対する臨時の経済的利益の供与として役員賞与に該当する。

＜控訴審＞

　代表者ひとりによる飲食代金の支出の趣旨ないし目的について検討するに，これを役員賞与に該当すると解する余地もないではないが，右飲食の日時，機会，内容，場所等前記判示の諸事情を綜合して考えると，交際費であると解すべきであって，役員賞与又は福利厚生費であると解すべきではない。

　なお，措置法の交際費に該当する支出の相手方として，当該法人の従業員も含まれることは先に判示したとおりであるが，右の従業員の中には代表者を含む役員も含むものと解すべきである。

解　説

　本事案は，3期400回を超える飲食費用が争点となっている。課税庁は，「飲食した者が一部の役員及び従業員に限られた飲食」と位置づけ，その内容と場所を考慮して，交際費と主張した。これに対して裁判所は，そのうち2割を超える飲食が，代表者がひとりで飲食していることにも着目して，その費用性を検討している。

　納税者は，上告理由で，交際費は政策上の制限はあるが，本来，損金であり，一方，役員賞与は，もともと法人の利益処分であって損金ではないから，税法上，性質を全く異にし，截然と区別されるべきものを安易に解すべきものではないという。しかし，税法における給与の考え方は，定時定額による支給を定期的給与とし，それ以外を臨時的給与と区分する。この区分を役員については，前者を報酬，後者を賞与と分別して，その損金性を判断する。利益処分による役員賞与に限定しているわけではない。

　確かに代表者ひとりの飲食は，代表者も役員の一員であり，いわ

ば自己に対する慰安として交際費とする見方も一理あることは否定できない。しかし，第一審が示すように，「私的遊興を主としたもの」であり，本来，ポケット・マネーで支弁する性格のものと考える方が，理解しやすい。実務的には，とくに中小企業では，それらの費用を含めて毎月の報酬額を決定することが一般的だからである。その意味で，交際費等と判断した控訴審とそれを容認した最高裁の判断も積極的に受け入れることは難しい。

　なお，本来，福利厚生は平等に供されるべきものであり，一部や特定の役員や従業員のみを対象とするなら，対象外の者に比べて経済的利益を享受したといえる。もっとも一部や特定といっても人的要素ばかりではない。従事した仕事の内容や勤務時間など質的要素による対象の選別の結果，一部や特定の者に偏ることもある。その意味からすれば本事案において，課税庁の一律に交際費とする対応は疑問である。課税庁も裁判所も，暗に飲食回数の多さ，頻繁さを疑問視している気がする。しかし，仕事の内容や時間帯によっては，デスクワークでは想像できないハードな仕事もあり，慰労・慰安が雇用対策上，極めて重要であることを認識して欲しいと思う。

【参考】　東京地裁昭和56年4月15日判決，東京高裁昭和57年7月28日判決，最高裁昭和60年9月27日判決
【参照】　所基通36－24，36－30，措通61の4(1)－22

事例 15 「事業に関係のある者」と福利厚生費
―― 一部の役員及び従業員の飲食費用――

納税者の主張

　納税者は，産業用機械機器の製造販売及び整備を業とする法人である。一部の役員及び従業員による社外のバー，料亭及び小料理店における飲食代は，特殊な業務形態から，従業員のための夜食等の費用であり，福利厚生費に該当することは明らかである。

　また，交際費等とは，そもそも取引先を相手方とする費用をいうのであり，措置法に規定される「その他事業に関係のある者等」が当該法人の役員や従業員を含むと解するべきではない。

　したがって，一部の役員及び従業員による社外のバー，料亭及び小料理店における飲食代は交際費に該当しないものである。

課税庁の主張

　一部の役員及び従業員による社外のバー，料亭及び小料理店における飲食代は，支出の内容，程度からみて，社会通念上従業員に対する福利厚生の範囲内のものとは認められず，交際費に該当するものである。

　法人の支出が交際費に該当する要件は，第一に，支出の相手方が事業に関係のある者であること，第二に，支出の目的が接待，供応，慰安，贈答その他これらに類する行為のためであること，の二点で

ある。「事業に関係のある者」とは，得意先，仕入先等に限られるものではなく，その法人の役員及び従業員等も含まれると解するべきである。

🗃 裁判所の判断

措置法は交際費を，「交際費，接待費，機密費その他の費用で，法人が，その得意先，仕入先その他事業に関係のある者等に対する接待，きょう応，慰安，贈答その他これらに類する行為のために支出するもの（もっぱら従業員の慰安のために行なわれる運動会，演芸会，旅行等のために通常要する費用その他政令で定める費用を除く。）をいう。」と規定している。そして，右条項括弧書は，その法人の従業員も「事業に関係ある者等」に含まれることを前提として，従業員に対する支出のうち特に一定のものだけを交際費等から除外しているものであるから，交際費等に該当する支出の相手方としては，その法人の従業員も含まれるというべきであり，これを取引先，仕入先等の外部の者に限定すべきではない。

💡 解　説

本事案は，一部の役員及び従業員に対する飲食費用が福利厚生費に該当するか，交際費に該当するかを争われたものであり，交際費に該当する相手方としては，法人の従業員も含まれるとされた事例である。

税務の取扱いでは，支出の相手方の範囲は，直接その法人の営む事業の取引に関係ある者だけではなく，間接にその法人の利害に関

係のある者及びその法人の役員，従業員，株主等も含む，とされている。したがって，法人の従業員も「事業に関係のある者」として取り扱われることになる。

福利厚生費とは，専ら従業員のために支出されるもので，それによって勤労意欲を高めることを目的とするものである。しかし，従業員のために支出したからといって，すべてが福利厚生費として取り扱われるとは限らない。

税務の取扱いでは，専ら従業員の慰安のために行われる運動会，演芸会，旅行等のために通常要する費用が福利厚生費に該当し，交際費の範囲から除かれるとされている。すなわち，福利厚生費は，従業員の福利厚生のために支出し，その支出が通常一般的に行われている程度のものに限られていると考えられる。

この場合に，福利厚生のために支出したものであっても，その支出対象が，一部の役員や特定の従業員に対する場合に，福利厚生費として費用性が認められるか否かという問題が生じる。

本事案においても，課税庁と納税者は対立している。課税庁は，いずれも全従業員を対象としたものではなく，一部の役員及び従業員が役員又は現場責任者の裁量で飲食した代金であり，支出の内容，程度からみて，社会通念上従業員に対する福利厚生の範囲内のものとは認められないと主張している。

それに対して，納税者は，一部の役員及び従業員による社外のバー，料亭及び小料理店における飲食代は，会社の終業後に従業員の疲れを癒すための費用であると主張する。また，密度の高い深夜作業で従業員の労苦が多かったときは，作業に従事した者全員に対して慰労の呼びかけを行っており，役員は従業員に対するねぎらいと仕事の打合わせの必要から同席していたと説明する。

さらに，飲食の場所としては，たまたま深夜営業をしている小規模なバー等を利用したのにすぎず，従業員の肉体的疲労と精神的緊張をほぐして慰労するためには酒類を伴うことがあるのは当然であって，酒類の提供があればすべて交際費になるとするのは社会常識に反すると反論している。

　結局，裁判所は，一部の役員及び特定の従業員に対する飲食費用は，作業の特殊性を勘案してもなお，専ら従業員の慰労のために行う行為としては社会的に相当とされる限度を超えているといわざるを得ないとして，交際費に該当するとしている。

　以上のことから，一部の役員や特定の従業員に対する飲食費用において，福利厚生費として認められるか否かは，社会通念上，従業員に対する福利厚生の範囲内のものであるか否かであると考えられる。

　一部の役員や特定の従業員に対する飲食費用が，福利厚生の範囲内かどうかは，その実態に即して判断しなければならず，あくまでも事実認定の問題として検討すべきである。本事案においても，裁判所は，作業の特殊性を勘案してもなお，専ら従業員の慰労のために行う行為としては社会的に相当とされる限度を超えているといわざるを得ないと判断しているが，もう少し納税者の業種，業態も考慮して検討してもよいのではないだろうか。

【参考】　東京地裁昭和56年4月15日判決，東京高裁昭和57年7月28日判決，
　　　　最高裁昭和60年9月27日判決
【参照】　措通61の4(1)－22

事例 16 事業関連性と交際費・福利厚生費の範囲

――役員家族の米寿祝いの費用――

納税者の主張

福利厚生費として計上した63,000円は，役員家族らの米寿祝いに供した酒，料理，赤飯等の代金として支出したものである。役員家族は一般従業員の場合と同様，会社を支援している有力な外郭団体的存在であって，従業員の冠婚葬祭に会社が金一封を呈するのも福利厚生費に含まれるのであるから，役員家族の米寿祝も当然に福利厚生費に含まれると解すべきである。仮に，福利厚生費に含まれないとするならば，法人の交際費として認容されるべきである。

課税庁の主張

福利厚生費として損金に計上した役員家族らの米寿祝いに供した酒，料理，赤飯等の代金として支出した米寿祝い費用は，業務遂行に関係のない費用の支出であり，法人税法22条3項2号所定の販売費，一般管理費その他の費用に含めることはできない。

裁判所の判断

福利厚生費は，法人のその事業年度における所得の金額の計算上，損金の額に算入されるべきものであることは明らかである（法法22

③二）が，福利厚生費は，その性質上法人の事業遂行と関連性のあることが必要であることはいうまでもない。

福利厚生費として損金に計上した費用は，役員家族の米寿祝いというその役員の純個人的な目的のための支出であり，そこに何ら事業遂行との関連性を認めることができない。

また，納税者は，米寿祝い費用が福利厚生費に当たらないならば，法人の交際費として損金算入を認めるべきであると主張するが，交際費は本来法人の事業に関係のある者等に対する特定目的のために支出するものに限られる（措法63④参照）のであるから，当該費用は交際費にも当たらないといわざるを得ない。よって，役員家族の米寿祝い費用は損金に算入できない。

解説

本事案は，役員家族らが主催した米寿祝いに際してそれに係る費用を負担した場合，その費用は福利厚生費として認められるか否かという問題である。

福利厚生費とは，法人が役員又は従業員の福利厚生のために支出するものであるが，その支出の相手方，支出の形態，支出の目的等において，給与等や交際費と類似する点が多い。この点について，税務上は，法令や通達において，大まかに規定されているにすぎず，実務上では，その区分については判断に迷うことも多く，その区分をめぐる税務上のトラブルも少なくない。

現行の税務の取扱いでは，福利厚生費と交際費等との区分について，福利厚生費とは，①運動会，演芸会，旅行等，従業員のいわゆるレクリエーション活動に通常要する費用，②会社の創立記念日等

に際し従業員におおむね一律に社内において供与される通常の飲食に要する費用，③従業員又はその親族等の慶弔，禍福に際し一定の基準に従って支給される金品に要する費用等をいうものとし，交際費等との区分をしている。

また，給与等においては，給与等と交際費等との区分について，給与等とは，①常時給与される昼食等の費用，②自社製品，商品等を原価以下で従業員に販売した場合の原価に達するまでの費用，③機密費，接待費，交際費，旅費等の名義で支給したもののうち，その法人の業務のために使用したことが明らかでないものをいうものとし，給与等と交際費等との区分をしている。

なお，給与等とは，金銭で支給されるものに限らず，経済的利益の供与も含まれる。そのため，法人の業務とは関係なく，個人的に支出すべき費用を法人が支出した場合には，給与（役員賞与）とみなされることとなる。

さて，本事案において納税者は，役員家族というのは一般従業員と同様，会社を支援している存在であると主張する。また，従業員の冠婚葬祭に会社が金一封を呈するのも福利厚生費に含まれるのであるから，役員家族の米寿祝いも当然に福利厚生費に含まれると解すべきであると主張する。

これに対して，裁判所は，福利厚生費として認められるためには，その費用が会社の事業遂行と関連性のあることが必要であるが，米寿祝い費用というのは，役員の家族に対して支出したものであり，純個人的な目的のための支出であるといわざるを得ないとしている。

確かに，税務の取扱いでは，従業員又はその親族等の慶弔，禍福に際し一定の基準に従って支給される金品に要する費用は，福利厚生費とされている。従業員又はその親族等には，役員家族は含まれ

ないとする考えといえよう。そのため，税務の取扱いに合致した裁判所の判断はやむを得ないと思われる。

　一方，交際費に関して，裁判所は，本来，法人の事業に関係のあるもの等に対する特定目的のために支出するものに限られるのであるから，交際費にも該当しないとしている。

　本事案における役員家族について，当該役員の会社内における位置付けや職務内容，また役員家族の経歴や出資の有無など明確ではない。そのため，一般論としては，本事案においては，事業遂行との関連性を認めるということは難しいかと思われる。しかし，役員家族が，例えばみなし役員に該当するような存在である場合には，一概に事業との関連性を否定できるとは限らないと思われる。

【参考】　東京地裁昭和50年8月6日判決
【参照】　措通61の4(1)-10，61の4(1)-12，法基通9-2-9

事例 17 交際費と福利厚生費の境界

――従業員への酒食の提供――

納税者の主張

納税者は金融業を営む法人であるが，従業員に対し個別に酒食を提供した費用については，福利厚生費として経理処理していた。

いわゆるサラ金の従業員の定着率は必ずしも高くないため，意思の疎通を図ることは必要であるとの理由からである。よって，交際費としてではなく，福利厚生費として認めるべきである。

課税庁の主張

福利厚生費等の名目で損金に計上した金額のうち，従業員に対し個別に提供された酒食の費用については，措置法に規定する交際費に該当するといえる。

裁判所の判断

措置法は，交際費とは「交際費，接待費，機密費その他の費用で，法人が，その得意先，仕入先その他事業に関係のある者等に対する接待，供応，慰安，贈答その他これらに類する行為のために支出するもの（専ら従業員の慰安のために行われる運動会，演芸会，旅行等のために通常要する費用その他政令で定める費用を除く）をいう」と規定して

いるのであるから，従業員に対し個別に提供された酒食の費用が交際費に該当することは明らかであって，納税者の主張は失当である。

解　説

　交際費の範囲は相当に広く，福利厚生費，会議費，寄附金，広告宣伝費，諸会費等と類似することが多いことから，実務においては，それらを明確に区分することは容易ではない。

　本事案は，従業員に対し個別に提供された酒食の費用は福利厚生費に該当するか，それとも交際費に該当するかが争点となっている。

　従業員を対象とした支出が交際費の対象となるかどうかについては，税務上，支出の相手方は，「得意先，仕入先，その他事業に関係のある者等」と規定されており，その範囲については，「直接その法人の営む事業に取引関係のある者だけではなく，間接にその法人の利害に関係ある者及びその法人の役員，従業員，株主等も含む」とされている。したがって，従業員を対象とした支出は交際費の対象となるといえる。

　しかし，会社が社内の行事などに際して支出する金額のうち，創立記念日，国民の祝日，新社屋の落成式などに際し，社内において行われる通常の飲食に要する費用については，交際費に含まれず，福利厚生費とされる。

　また，専ら従業員の慰安のために行われる運動会，演芸会，旅行等のために通常要する費用は福利厚生費に該当し，交際費の範囲から除かれることを明らかにしている。

　すなわち，この規定によれば，社内での飲食，つまり実際に従業員が法人の業務に従事している場所で行う飲食のみが，通常要する

費用として福利厚生費に当たると解される。

　つまり，福利厚生費は，従業員の福利厚生のために支出するものであり，かつ，その支出が通常一般的に行われている程度のものに限られていると考えられる。

　この場合に，従業員の福利厚生のために支出するものであっても，一部の従業員や特定の従業員に対して行ったものについては，福利厚生費として認められるかという問題がある。

　本事案においては，福利厚生費等の名目で損金に計上していた金額のうち，交際費に該当すると認められるものの内訳として，支出年月日，支出金額と支払先が記載されているにすぎず，その支出が通常一般的に行われている程度のものであるかどうかの事実認定については不明確である。裁判所は，「従業員に対し個別に提供された酒食の費用が交際費に該当することは明らかである。」としている。

　一部の従業員や特定の従業員に対し提供された酒食の費用については，**事例14**「交際費等の対象者の範囲と福利厚生費」で取り上げているが，確かに，一部や特定の者に偏っている場合には，福利厚生の範囲を逸脱している可能性もあり，交際費として解釈されることは否定できない。しかし，一部の従業員や特定の従業員に対し提供された酒食の費用が，福利厚生の範囲を逸脱しているかどうかは，従事している仕事の内容や勤務時間などその実態に即して総合的に判断しなければならず，慎重に考え検討する必要がある。

　なお，平成18年度税制改正で導入された5,000円基準は，役職員間の飲食は対象外としていることに留意しなければならない。

【参考】 東京地裁平成元年10月5日判決，東京高裁平成2年8月30日判決，最高裁平成3年4月23日判決

【参照】 措通61の4(1)−22

事例 18　福利厚生費と交際費の限界

――海外慰安旅行の費用――

納税者の主張

　納税者は，役員，従業員，従業員の親族及び取引先企業の役員・従業員による海外慰安旅行にかかる費用を福利厚生費として経理処理していた。本件各旅行の場合，旅行費用の大部分は航空運賃費用であり，宿泊及び飲食等は決して豪勢なものではなく，福利厚生費として社会通念上，一般的に妥当な金額である。

課税庁の主張

　従業員等慰安旅行（海外旅行を含む）は，その旅行の企画立案，主催者，旅行の目的・規模・行程，従業員等の参加割合，使用者及び参加従業員等の負担額及び負担割合などを総合的に勘案し，使用者の負担額が少額であり，かつ，次のいずれの要件も満たしている場合には，強いて課税しないこととしている。

　A　旅行期間（目的地における滞在日数）が4泊5日以内のものであること。
　B　全従業員の半数以上が参加するものであること。

　本件各旅行はいずれも4泊5日以内のものではあるが，本件各旅行にかかる費用の額を参加人数で除した参加者1人当たりの旅行費用の額は，平成3年5月分旅行265,222円（シンガポール），平成4年

5月分旅行454,411円（アメリカ西海岸）及び平成5年5月分旅行577,777円（カナダ）にものぼる。

使用者がこのような高額な従業員等慰安旅行費用の全額を負担する福利厚生行事が，一般的に行われているとも，また，1人当たりの金額が課税上弊害のない少額なものであるとも到底認められないから，請求人が負担した本件各旅行に係る費用は，請求人が請求人の従業員に対して供与した経済的利益（臨時的な給与）となる。

審判所の判断

従業員等の慰安旅行が社会通念上，一般的に行われていると認められるレクリエーション行事であるか否かの判断に当たっては，当該旅行の企画立案，主催者，旅行の目的・規模・行程，従業員の参加割合，使用者及び参加従業員の負担額，両者の負担割合等を総合的に考慮すべきであるが，税務の取扱いの趣旨からすれば，参加従業員の受ける経済的利益の価額，すなわち使用者の負担額が重視されるべきである。したがって，経済的利益の価額が多額であれば，あえて課税しないとする根拠を失うと解するのが相当である。

本件旅行において納税者が負担した参加者1人当たりの費用の額は，福利厚生行事としてあえて課税しない趣旨からすれば多額であると認められ，社会通念上，一般に行われている福利厚生行事と同程度のものとは認められない。参加者に対する経済的利益供与につき給与又は交際費として課税されるべきである。

したがって，取引先企業の役員・従業員に供与した経済的利益の額は，交際費の額と認められる。

解 説

　従業員の福利厚生のため，社会通念上，一般的に行われていると認められる範囲内でレクリエーションを行った場合は，福利厚生費として取り扱われる。

　現行の税務の取扱いでは，従業員等慰安旅行については，その旅行の企画立案，主催者，旅行の目的・規模・行程，従業員等の参加割合，使用者及び参加従業員等の負担額及び負担割合などを総合的に勘案して，実質的な判断を行うこととなるが，旅行期間（目的地における滞在日数）が4泊5日以内のもので，全従業員の半数以上が参加する慰安旅行であれば，原則として経済的利益として課税されないこととなっている。

　かつては慰安旅行の目的地が海外であることが，社会通念上，一般的に行われているとは認められないという時代もあった。高校生のグループでも卒業旅行と称してグアムやサイパンに平気で出かける今日の風潮からすれば，昔日の感を禁じえない。

　本事案でも，従業員等の慰安旅行が社会通念上，一般的に行われていると認められるレクリエーション行事であるか否かが争点となっている。ここでは，会社負担額が重視されるべきであるとされており，旅行費用の1人当たりの会社負担額が高額であるため，社会通念上，一般に行われている福利厚生行事と同程度のものとは認められないと判断した。

　現行の税務の取扱いでは，金額の程度については明確にされていない。金額の多寡の判断は，個人的な趣味，嗜好，経験，年齢などにより左右されるものであるから金額的な基準を明確にできないことは当然である。

したがって，旅行の企画立案・主催者，旅行の目的・規模・行程・従業員の参加割合，会社及び参加従業員の負担額，両者の負担割合等を総合的に勘案し，当然かかる費用であれば，仮に会社負担額が高額であっても否定されるべきものではない。

　ただ，交際費課税に関する問題については，金額の多寡に関わらず，取引先企業の役員・従業員に供与した経済的利益の額が交際費等に該当することは避けられないだろう。

【参考】　国税不服審判所平成8年1月26日裁決
【参照】　所法36，所基通36－30

事例 19 福利厚生費と交際費の区分

――忘年会等の費用――

納税者の主張

納税者は都内港区で広告業を営む法人である。①社外で行われた忘年会の費用，②忘年会の2次会の費用，③社外で行われた御用納めの宴会の費用，④社外で行われた会社創立記念日の社員慰労会の費用，の各費用は，いずれも納税者あるいは従業員の飲食のために支出されたものであるから，交際費には該当しないというべきである。

いずれもその出席者数を考慮すれば，極めてつつましいものというべきであって，各種宴会に通常要する費用として，交際費には該当しないものである。

課税庁の主張

福利厚生費とは，運動会，演芸会，旅行等従業員のいわゆるレクリエーション活動に通常要する費用，会社の創立記念日等に際し従業員におおむね一律に社内において供与される通常の飲食に要する費用，及び従業員の親族等の慶弔，禍福に際し一定の基準に従って支給される金品に要する費用等をいうものと解されている。

したがって，社内での飲食，すなわち事務室等実際に従業員が法人の業務に従事している場所で行う飲食のみが，通常要する費用と

して福利厚生費に当たるものというべきである。従業員の慰安等のために社外の飲食店等で行う宴会等に要する費用は，個々の会社の立地条件等を考慮することなく一律に措置法に定める交際費に該当するものと解すべきである。

納税者の行った忘年会等の支出は，いずれも社外で行われた忘年会等の費用であるから，交際費に該当するというべきである。

裁判所の判断

交際費とは「交際費，接待費，機密費その他の費用で，法人が，その得意先，仕入先その他事業に関係のある者等に対する接待，きょう応，慰安，贈答その他これらに類する行為のために支出するもの（もっぱら従業員の慰安のために行われる運動会，演芸会，旅行等のために通常要する費用その他政令で定める費用を除く。）をいう。」と規定されており，一定限度を超える交際費の損金算入を否認する趣旨が法人の濫費抑制の点にあることを考慮すれば，法人が従業員等の慰安のために忘年会等の費用を負担した場合，それが法人が社員の福利厚生のため費用全額を負担するのが相当であるものとして通常一般的に行われている程度のものである限りその費用は交際費に該当しないが，その程度を超えている場合にはその費用は交際費に該当すると解するのが相当であるところ，忘年会等がこのような意味で通常一般的に行われている程度のものか否かは個々の忘年会等の具体的態様，すなわち開催された場所，出席者1人当たりの費用，飲食の内容等を総合して判断すべきであって，社外で行われたか否かということだけで判断すべきではない。

解説

　毎年，秋が過ぎる頃になると，そろそろ忘年会の日程を決めようという話が必ず出てくる。一年を締めくくる会として，忘年会は欠かせないものとなっている。会社にとっても，年末は出費がかさむ。本事案は，忘年会等の費用が福利厚生費か交際費であるかについて争われた事例である。

　納税者は，交際費を「法人の外部の者に対する接待，きょう応等のために要した費用」と認識しており，法人の内部の者は法人の事業に関係のある者等に当たらないとして，①～④の費用を福利厚生費として損金経理していた。

　これに対して，課税庁は，従業員の慰安等のために社外の飲食店等で行う宴会等に要する費用は交際費に該当するとしている。

　措置法の規定によれば，専ら従業員の慰安のために行われる運動会，演芸会，旅行等のために通常要する費用は，福利厚生費に該当し，交際費の範囲から除かれることを明らかにしている。税務の取扱いでは，福利厚生費と交際費との区分について，社内の行事に際して支出される金額等で次のようなものは交際費に含まれないものとする。

① 　創立記念日，国民祝日，新社屋落成式等に際し従業員におおむね一律に社内において供与される通常の飲食に要する費用
② 　従業員（従業員であった者を含む）又はその親族等の慶弔，禍福に際し一定の基準に従って支給される金品に要する費用

　確かに，忘年会は従業員達に一年間お疲れさまといった意味を込めた従業員達を労う費用であるが，福利厚生費はあくまで「通常要する費用」に限られており，社内において供与されることとなって

いる。要するに，法人が従業員等の慰安のために忘年会等の費用を負担した場合，どの程度まで認められるのか，である。

本事案では，忘年会は高級中華料理店，忘年会の2次会は高級クラブ，御用納めの宴会は，わが国を代表する一流ホテルで行われた。

いずれの費用も1人当たりの費用が一般に福利厚生費として認められる範囲を超えていると解するのが相当であるとし，社外で行われたか否かということだけで判断すべきではないと判示している。

また，納税者が，法人の内部の者は法人の事業に関係のある者等に当たらないと主張した点については，法人の役員，従業員も「事業に関係のある者等」に含まれることを前提としていると判示している。

結局，忘年会等が，通常一般的に行われている程度のものか否かは，個々の忘年会等の具体的態様，すなわち開催された場所，出席者1人当たりの費用，飲食の内容等を総合して判断されることになる。同時に，納税者の営む業種，業態も考慮すべき事項といえる。

【参考】 東京地裁昭和55年4月21日判決
【参照】 措通61の4(1)-10

事例20 交際費と会議費の区分

——打ち合わせ時の飲食代——

納税者の主張

　納税者は、テレビ・ラジオ番組等の企画・制作等を行うことを目的とする資本金3,750万円の株式会社であり、発注元である各テレビ番組局プロデューサーを始めとするスタッフや出演する芸能関係者等との相互信頼関係の構築と綿密な打合わせをすることが必要不可欠である。納税者の通常の勤務時間は、午後からであり、打合わせの時間等が深夜に及ぶこともある。打合わせ場所は、放送局の近くを選ばざるを得ないし、放送局の近くには貸会議室もないので、飲食店で会議を行うしかない。

　また、納税者は、ジャズ歌手Aのプロモーションをしており、レコード会社の担当者をジャズの生演奏ができるレストランなどに呼び、Aにその場で歌わせて実力を披露したり、オーディションをしてもらったりしている。いずれも生演奏のできる場所で、Aに実際にジャズを歌わせてプロモーション業務を行ったのであるから、本件支出のうち6件は、いわゆる接待ではない。

　さらに、納税者と各テレビ局の担当者との間の打合わせの一環として支払われた費用は、いわばメーカーの製造原価に相当するものであるから、会計理論上交際費には該当しない。

課税庁の主張

本件各支出は，いずれも1軒の店の支払額が消費税抜きで1万円以上のものである。そして，その支払先は，ジャズレストラン，酒類を提供するスナック，居酒屋，鮨屋，割烹料亭，しゃぶしゃぶ店，串焼店，天ぷら店，ステーキ店，鉄板焼店，ふぐ専門店等の酒食を提供する料理店である。支払先が上記のようなものであることに加え，参加人数，内容等からしても確実に「会議費」に当たらない。

納税者が，本件各支出のうちジャズ歌手に関して会議費であると主張する6件の支出についても，生演奏を聴かせるようなジャズレストランで，歌を聴きながら飲食した際の酒食代金が「会議費」に当たらないことは明らかである。

裁判所の判断

本件各支出は，いずれもテレビ番組の制作等を業務としている納税者，発注元等のスタッフ等との信頼関係の構築や打合わせ等のため，料理店等で飲食した際に，その酒食代として支払われたものであり，その金額も1件1万円以上，参加者1人当たりにしても，3,000円から6,000円程度あるいは，それ以上にも達するものである。そうすると，措置法規定の文言の通常の意味からも，また立証事実に照らしても，交際費に当たるということになる。

本件各支出が措置法施行令所定の会議費用に当たるかを検討するに，本件各支出の支払金額は，おおむね1人当たり3,000円を超え，その多くは，4,000円以上であって，1万円を超えるものも珍しくなく，とても会議の際に通常供される茶菓，弁当，昼食の程度のも

のということはできない。また，その支払先も，酒食を提供する料理店であり，通常会議を行う場所ということは到底できない所ばかりである。そうすると，上記のような，支払金額，酒食の場所に照らし，本件各支出は，通常会議を行う場所において通常供与される茶菓，弁当，昼食の程度を超えない飲食物等に要する費用ということはできないことは明らかである。

仮に納税者主張のとおり，上記６件の支出がジャズ歌手Ａのプロモーションのためのものであったとしても，その場所がパブないしバー等といった酒類を伴う飲食店であり，通常会議を行う場所ということはできないこと及びその金額も数名で１万数千円から３万数千円というものであって，通常の茶菓，弁当，昼食代と比較すると，明らかに高額に過ぎることからすれば，これが企業の内部的な費用であることなどを理由として会議費用に当たるということはできない。

仮に納税者主張のとおり，放送局の近くの飲食店で会議を行うほかなかったとしても，単純に打合わせを行うだけであれば，喫茶店や軽食の食堂等もあり得るはずである。本件各支出の支払先である酒食を提供する場所と前述したその支払金額をみれば，これらが，「接待，供応，慰安」等の趣旨を含めての会合であることは明らかであり，会議室に代替するような通常会議を行う場所における通常の茶菓，弁当，昼食程度の飲食物の提供とはかけ離れたものといわざるを得ない。

納税者が，本件各支出を制作原価報告書における打合わせ会議費に計上せず，販売費及び一般管理費に計上していることからも，納税者自身，本件各事業年度の確定申告時において，本件各支出を製造原価として捉えていなかったことは明らかである。また，そもそ

も措置法の規定は，交際費が事業上の必要を超えた冗費濫費がされることもあるため，この弊害を防ぐため，一律に，一定額を超える交際費を損金に算入しないこととしているのであるから，本件各支出が，メーカーの製造原価に類する性質を有するとしても，これらが同項所定の交際費に当たることを否定する理由とはならない。

解説

　10年ほど前であるが，北野武・ビートたけしのマネジメント会社に対する税務調査で，テレビ局などとの打合わせをする際に，酒を伴って小料理屋やレストランで開いた会合の費用の一部が交際費として認定されたことがあった。国税当局は，「仕事の打合わせに，酒は必要ない」と判断したようである。これは芸能界という特殊な世界の出来事と思われがちであったが，1人当たり1万円程度といわれており，金額的に見て決して高額だったというわけではないという指摘もあった。本事案もまさしく芸能界における営業活動の一環として支出された費用が争点となっている。

　一般的な解釈として，9時から17時までの勤務時間が中心となる環境においては，会議とはその時間帯に開催されることから，当然，会食も昼食となる。わが国の常識の中では，昼食には飲酒を伴わない。したがって，「仕事の打合わせに，酒は必要ない」という感覚も理解できるのである。

　もっとも会議の開催時間については，いわゆる遅番・早番などのシフト制，フレックス制など多様な勤務状況，海外取引に伴う時差の関係などを考慮すると，昼間とは限らない。いずれにしても会議の態様は，業界や業種により異なり，一様ではないといえる。ただ

しそれを立証するのは納税者の責務といえるだろう。

　平成18年度税制改正において，1人当たり5,000円以下の飲食費用が，交際費課税の対象から除外された。今後は，本事案のような場合であってこの5,000円基準が適用されることにより，損金算入額が拡大される。その結果，支出内容に関係なく金額基準で処理することを納税者が採用する可能性が高い。

　確かに，支出内容を把握することは煩雑であり，省略する方が容易である。しかしながら会議に要する費用は，あくまで会議費であり交際費と区別すべきことはいうまでもない。今後，この5,000円基準が減額ないしは廃止される可能性も留意すべきことといえよう。

【参考】　東京地裁平成16年5月14日判決

事例21 会議費の意義

――会議の場所と飲食行為――

納税者の主張

　課税庁は，会議費等として支出したものについて，いずれも交際費に該当すると主張するが，これらの支出は，関係先との商談及び打合せに際して支出した飲食費用であること，また，菓子の購入は，顧客からのクレーム処理等のために持参するタオル等の少額物品の購入費用であること，さらに，会議後開催された従業員の宴会の費用は，従業員の慰労を目的とする費用であるから，これらの支出は，いずれも交際費には該当しない。

課税庁の主張

　納税者は，法人税の確定申告に当たり，会議費等を支出したとして，これらを損金の額に算入しているが，その支出は，各事業関係者と納税者の代表者との飲食費用であり，これらの支出先はいずれも飲酒を主体とする又は飲酒を伴う料理店等であって，1人当たりの飲食単価も1万円前後になること，また，取引先に対する手土産代として，菓子を購入したものであること，さらに，会議後開催された従業員の宴会の費用に充てられたものであるから，この会議費等の支出は，いずれも交際費に該当する。

🗃 裁判所の判断

　各事業関係者と納税者の代表者との飲食費用は，会議場として通常使用されることのない場所における飲食費に関するものであること，また，菓子の購入費用は，茶菓，弁当その他これらに類する飲食物を供与するために要する費用として高額であるというべきであって，広告宣伝的効果を意図して多数の者に配布する物品の購入費用ではないこと，さらに，会議後開催された従業員の宴会の費用が，仮に従業員の慰労の趣旨で開催されたものであっても，専ら従業員の慰安のために行われる運動会，演芸会，旅行等のために通常要する費用にも当たらないことから，会議費等は，いずれも交際費に該当する。

💡 解　説

　本事案は，会議費・広告宣伝費・福利厚生費として経理処理された支出が，いずれも交際費に該当するとされた事例である。
　法人の支出する費用には，さまざまな支出の目的があるため，経理担当者にとっては，判断に迷うものも少なくない。
　特に，交際費については，税務の取扱いでは，「交際費等とは，交際費，接待費，機密費その他費用で，法人が，その得意先，仕入先その他事業に関係のある者に対する接待，供応，慰安，贈答その他これらに類する行為のために支出するもの（専ら従業員の慰安のために行われる運動会，演芸会，旅行等のために通常要する費用その他政令で定める費用を除く。）をいう。」と定めているにすぎない。
　したがって，交際費課税の対象となる税法上の交際費の範囲は，

納税者及び課税庁の都合で，広くも狭くも解釈することができるため，交際費等と福利厚生費や会議費などの類似費用の区分については，税務トラブルも多く，頭を悩ますところである。

さて，本事案では，会議費について，飲酒を主体とする又は飲酒を伴う料理店等で支出した各事業関係者と納税者の代表者との飲食費用について，会議費に該当するかそれとも交際費に該当するかが争われたものである。

会議費と交際費等というのは，会社を経営する上では必ずといっていいほど支出される費用で，飲食という点で類似している費用である。

会議費についての税務の取扱いでは，「会議に関連して，茶菓，弁当その他これらに類する飲食物を供与するために通常要する費用は，交際費等に含まれない費用」とされている。

ここでいう，通常要する費用とは，「会議に際して社内又は通常会議を行う場所において通常供与される昼食程度を超えない飲食物等の接待に要する費用」をいうことである。

すなわち，通常の昼食の程度を超える接待費用等は，交際費として取り扱われることになる。しかし，通常供与される昼食程度とは，具体的にどの程度であるかは，明らかにされておらず，常識の範囲内のものをいうと解される。

実務においては，1人当たり3,000円以内であれば，交際費に該当しないといわれていた。平成18年度税制改正により，交際費課税の範囲から，「1人当たり5,000円以下の飲食費を除く」こととなり，1人当たり5,000円以内であれば，接待，供応，慰安であっても，交際費課税の対象とならないこととなった。もっとも，国税庁は，従来から交際費に該当しないこととされている会議費等については，

1人当たり5,000円超のものであっても，その費用が通常要する費用として認められるものである限りにおいて，交際費に該当しないと明言している。

　会議については，来客との商談，打合わせ等が含まれるとされているが，商談というのは，昼だけではなく，夜も行われるものである。夜に行われれば，当然，通常供与される昼食程度を超える場合もある。また，相手方の地位などによっても，会議の開催場所を変えることは当然であり，通常ではあり得ない飲食費用がかかることもあり得る。この場合においても，法人にとっては，必要不可欠な会議費の支出であり，接待，供応のために支出したものとはいえないと考えられる。

　本事案では，各事業関係者と納税者の代表者との飲食費用について，会議費に該当するかどうかは，会議場として通常使用されることのない場所における飲食費に関するものであることと，1人当たりの飲食単価も1万円前後であることを理由に，交際費に該当すると判断している。

　会議が会議として実体を備えていることかどうかについては，具体的に議論されていない。会議費に該当するかどうかは，形式的に，金額的な判断を行うものではなく，会議が会議として実体を備えていることが重要であると考えられる。

【参考】　大阪地裁平成2年12月20日判決
【参照】　措通61の4(1)-21

事例22 会議，打ち合わせの費用と交際費

——得意先との打ち合わせ等に要した飲食の内容と範囲——

納税者の主張

販売促進費については，得意先との販売促進のための打合わせ費用であって，接待，供応のために支出したものではない。また，会費及び福利厚生費は，一部の金額を除き，得意先との事務打合わせ及び従業員の福利厚生費であるから，交際費には該当しない。

課税庁の主張

納税者が販売促進費とした費用は，得意先の者を接待したときの飲食代等であり，会費は，ゴルフクラブの年会費及び得意先の者を接待したときの飲食代等である。また，福利厚生費は，専ら得意先の者に贈る野球場のシーズン予約券代及び得意先の者を接待したときの飲食代等である。よって，いずれも交際費に該当する。

審判所の判断

販売促進費の使途は，得意先等の者を接待した飲食代及びこれらの者に対する贈答品代等である。また，その中には得意先等の者との事務打合わせ時の簡易な食事代等も含まれていたことが認められる。

租税特別措置法施行令において，会議に関連して供与した茶菓，弁当であって，かつ，通常要するものを交際費の規定から除いている趣旨からみれば，その支出が慣習的，かつ，金額の微細なものまで画一的に課税の対象とするのは相当でない。しかし，本件，販売促進費の中で，得意先の者をバー，キャバレー，割烹等に接待したときの飲食代及びそれらの者に対する贈答品等は，慣習的，かつ，金額の微細なものと認められないから，交際費に該当する費用である。

解　説

「会議」という内容には，社内における打合わせ，顧客との打合わせの両者が考えられる。交際費との関係で問題となるのは，顧客との打合わせが交際費に該当するかどうかという点にあった。ところが，平成18年度の交際費課税における税制改正により，範囲の明確化が図られた。

従前から，例えば，打合わせに多く用いられる昼食の場合，「打合わせに伴って通常供与される昼食の程度を超えない飲食等」とは一体どの程度のことを指すのかについて，多くの論議があった。一般的に，飲酒を含んだ飲食の場合，交際費に該当するといわれることがある。それは，仮にビールをコップ一杯であればよいとか，ビール１本までは大丈夫，などとまことしやかにいわれているのも事実である。

しかし，交際費の実態を考える場合，飲酒の有無や分量だけでは判断できない。つまり，打合わせに応じた支出が，得意先，仕入先その他事業に関係ある者等に対して接待，供応，慰安，贈答，その

他これらに類する行為のために支出するものを指すのかどうかという点にあるからである。そうであっても，得意先との会議における飲食が交際費になるかどうかにつき判断の難しいケースも多い。

しかも1人当たり3,000円以内であれば，交際費に該当しないと経理担当者の間でいわれてきた。確かに，交際費課税の中に，1件当たりの金額がおおむね3,000円以下という少額物品の取扱いがあることから，この3,000円基準が一つの目安となっていると思われる。もっとも，この1人当たりの基準は地域によって異なり，5,000円基準を示す地域もある。

また，打合わせの時間帯が昼間を前提とすることから，打合わせに伴う飲食は昼食を当然と考えており，そこから昼食時における飲酒も限られたものとする考え方も浸透している。

これらの従来からの考え方を踏まえると，本事案における審判所の判断は妥当といえよう。

ところが，平成18年度税制改正では，交際費課税の範囲から，「1人当たり5,000円以下の飲食費を除く」こととなった。与党税調の考え方では，「ビジネスランチ的な」基準としての5,000円とされたようであるが，昼食としてはいささか高額である。結局，この5,000円基準は，交際費課税の本質である接待，供応，慰安であっても，1人当たり5,000円以下であるならば交際費課税の対象にならないと理解されるべきものである。したがって，現行制度においてすでに課税対象外に置かれる会議費等が今後も継続されるならば，会議費等の内容や範囲についての解釈も異同がないはずである。

しかしながら，実務では従来ならば交際費課税を避けるために，会議費等としての立証を精緻に行うことが鉄則であったが，今後は内容を吟味することなく一律に金額のみで判断することが予測され

る。本来，会議費等として経理すべき費用であっても，金額基準で機械的に課税対象外交際費と処理することを危惧するのである。その結果，将来，この5,000円基準が減額又は廃止された場合には，経理方法の継続性の観点からも，混乱を招くおそれも出てくる。そのため，明らかに会議，打合わせに関わる費用であるならば，今後も金額にかかわらず会議費等として処理する慣行を定着させるべきであろう。

【参考】 国税不服審判所昭和57年10月6日裁決
【参照】 措通61の4(1)−4，61の4(1)−5，61の4(1)−21

事例23 会議関連費の範囲

――代理店を会議と慰安のために温泉旅館に招待した費用と会議の実体――

納税者の主張

A会の会員は，A商標のペットフーヅを取り扱う代理店又は問屋で，その会の目的は，当該ペットフーヅを日本国内で販売するに当たっての納税者の営業方策等の説明並びにペットフーヅ市場に関する情報等の相互交換及び市場開発に関する意見交換をすることによって販売の拡大を図ることにある。

会議において，ペットフーヅ業界のすう勢を展望するとともに，納税者の経営方針，商品の品質の優位性，外国の親会社の事業活動状況及び販売のためのセールスポイント等を説明し，また，それらに関する意見交換及び質疑応答をしているから，会議としての実体を備えた販売促進のための会議である。

会議は，旅館において午後4時から6時まで行っており，その開始時間を午後4時としたのは，参加者が午前中にそれぞれの業務を終了してから集合できるよう計らったものである。

課税庁の主張

会議は，次のとおり会議としての実体を備えていないと認められる。

① A会の会員あてに送付した案内状によれば，会議の開始時間

は午後4時となっていること。
② A会の行事の計画及び実施を請け負ったB社の精算表の明細によれば、会議の終了後、引き続き芸妓を予約し宴会を催したこと。
③ その翌日には、A会の会員有志によりゴルフコンペを行っていること。

以上の事実を総合すると、会議に要した時間は午後4時から夕食時までと極めて短時間にすぎないから、会議としての実体を備えているものとは認めがたく、むしろA会の会員を宴会及びゴルフコンペに招待するために、形式的に実施したものにすぎないと認められる。

審判所の判断

事実に基づいて判断すると、次のとおりである。
① A会では、温泉地の旅館で会議等が開催され、翌日、その近辺のゴルフ場で参加者の有志によりコンペが行われているが、納税者が支出した交通費等は、参加者の会議等の開催地までの交通費並びに開催地での宿泊費及び諸雑費であると認められる。また、会議の出席者は、その全員が懇親会に出席し、かつ、参加延人員165名中4名を除く他の全員が宿泊していることが認められる。
② 会議は、A会が開催した会議、懇親会及びゴルフコンペ等の行事のごく一部であり、その開始時間が午後4時又は5時であること及びその所要時間も、全所要日数約1.5日のうちわずかに最初の1時間ないし2時間を充てたのみの極めて短時間でウ

エートの低いものであること並びにその内容が，あいさつ（納税者及び総代理店によるもの），スライド映写，営業戦略及び営業概況等の説明，10分間程度の質疑応答を行ったにすぎないものであることが認められる。
③ 一般の招待旅行においても，招待会社の役員等のあいさつ，会社の概況及び販売商品等の説明程度のことは行われるのが通常であり，Ａ会の会議の内容もその所要時間からみてほとんどこれと変わらない程度のものであったものと認められる。
④ Ａ会を温泉地で開催することとしたのは，納税者の社長又は副社長が出席してＡ会会員の日ごろの販売協力をねぎらい，信頼関係を高めるとともに，親睦の度を深めることを意図したからであると認められ，仮に，会議のみを行うのであれば，交通費等を必要とするかかる温泉地の旅館で行うとはとうてい考えられない。
⑤ Ａ会において会議が行われた事実は認められるが，Ａ会の主たる目的は，得意先等を懇親会及びゴルフコンペに招待することにあったと認めるのが相当である。

解説

政令は，会議に関連して，茶菓，弁当その他これらに類する飲食物を供与するために通常要する費用は，交際費等から除外することを規定する。具体的には，「通常供与される昼食の程度を超えない飲食物等」を提供する費用となる。

ここでいう会議とは，社内を対象としたものというより，得意先など社外の関係者との商談，打合わせ，連絡という名目での会合を

想定している。つまり，得意先に会議の途中や終了後に食事を提供することは，本来は，得意先への接待や供応に該当するが，昼食程度の費用なら，会議費として処理できる。いうまでもないことであるが，昼食程度の費用という前提であるから，会議に伴う食事は昼食とは限らない。会議の金額基準といえる。

同時に税務の取扱いでは，企業が特約店その他の販売業者を旅行，観劇等に招待し，あわせて新製品の説明，販売技術の研究等の会議を開催した場合において，その会議が会議としての実体を備えていると認められるときは，会議に通常要すると認められる費用の金額は，交際費等の金額に含めない。

交際等を目的とした行事とあわせて会議を行った場合には，会議に直接関連する会場費，茶菓費，食事代，会議場所までの交通費，会議開催地での宿泊費など会議に通常要する費用は，会議が会議としての実体を備えていると認められれば，主たる目的が会議にあるものとして交際費等に含めないとする趣旨であると解される。会議の実体性基準である。

会議の実体性の判断は，会議の方法，開催時間，議事，参加者など会議の具体的内容が考慮される。一般には長い会議時間は敬遠されるが，本事案では，会議時間の短さも検討すべき余地があることを示している。

【参考】　国税不服審判所昭和57年3月23日裁決
【参照】　措通61の4(1)-16，61の4(1)-21

事例24 研修費・会議費の意義

――採用内定者事前研修懇親旅行の費用性――

納税者の主張

　衣料品販売のチェーンストアの経営を目的とする法人では，採用内定者に対して事前に懇親会と懇親旅行を開催しているが，その趣旨と内容は，以下のとおりである。

　懇親会は，新卒採用年度の前年に3回にわたって内定が確定した者を対象として，ホテル内レストランを借りて約3時間行っている。その内容は，企業理念や経営方針，内定者に期待することについて役員から挨拶があり，また就職後の職務について説明をし，内定者との質疑応答が行われる。3回目の懇親会では正式な内定証の授与も行っている。

　懇親旅行は，採用年度前年の12月，内定者に役員，従業員が数名同行し実施された。バスの移動中には社内の決まり事について従業員から説明があり，ホテル到着後，午後3時からは会議室において，役員の講義，全員の自己紹介，先輩従業員の体験談，内定者全員の将来の夢などの話し合いが行われる。

　懇親会及び懇親旅行は，内定者を企業の労働力として確保するとともに，企業理念，経営方針，業務内容に対する理解を深め，入社日までの漠然とした不安を取り除き，入社後即戦力として業務に携わってもらうことを目的として行われている。懇親旅行においては，会議室での自己紹介から夜のミーティングまで，一貫してネームの

着用が義務づけられているのも，単に遊興，飲食に終始する趣旨ではないことを示している。

　内定者のほとんどが入社している実態からして，これらの行事は，本質において，企業が内定者をもてなすというものではなく，むしろ，入社のほぼ確実な内定者に対して，企業から一定の成果を期待して働きかけていくものであって，内定者を学生から社会人へ橋渡しする役割を担うものである。つまり，その目的を「研修，人材育成」と捉えるべきである。

　課税庁は，新入社員の入社後に別途研修が予定されていること，上記の各行事においてアルコール類が振る舞われていること，一部観光の日程が取り込まれていることを理由として，「接待，供応，慰安」目的を認定し得るとする。しかし，内定者は入社後の新入社員と段階に応じた研修，教育があってしかるべきであるし，内定者が経験的に不安に陥りやすいことからかかる機会を何度かに分けてもうけることは合理性のあることである。また，席上アルコールが出され，一部日程に観光が含まれていたとしても，それのみで行事全体の主な趣旨，目的を動かすものではない。

裁判所の判断

　懇親会は，ホテル等の宴会場を借りて48ないし90名の出席者により約3時間かけて行われたこと，その内容は，冒頭に役員挨拶や会社説明，自己紹介などを行った後，会食に移り，酒類も提供されて，1人当たり8,602円から1万1,167円の酒食が提供されたことが認められる。懇親会はたしかに内定者の事前研修としての意義もないとはいえないが，提供された1人当たり飲食の費用に照らせば，その

程度は通常供与される昼食の程度を超えるというべきである。上記費用は，措置法施行令に規定する「会議に関連して，茶菓，弁当その他これらに類する飲食物を供与するために通常要する費用」に該当せず，交際費に該当するというべきである。

　懇親旅行は，1泊2日の行程，参加者58名でバス2台に分乗し，大宮を出発後，今市の「ウエスタン村」で昼食，鬼怒川温泉ホテルニュー岡部に宿泊，翌日は東武ワールドスクエアや日光東照宮を見学後大宮駅まで戻るという行程であったこと，費用は総額127万8,314円で1人当たり約2万2,000円を要したことが認められる。

　懇親旅行では，初日の午後3時から午後5時頃まで内定者自己紹介，会社担当者との就職後の仕事等についての質疑応答等が行われ，午後8時ころからはグループに分かれてミーティング（二次会）が行われており，内定者の事前研修の性格が全くなかったというわけではない。しかし，それ以外は，観光が大半であり，夕食時や二次会時には酒類も供されており，上記1人当たり旅行金額が必ずしも少額とはいえないこと等に照らせば，懇親旅行はいわゆる内定者のための事前研修の範囲を超え，むしろ，全体として事業関係者である会社と採用内定者あるいはそれら相互の親睦の度を深めるため，すなわち，これらの者への供応ないし慰安のために行われたと判断するのが相当であり，懇親旅行費用は，交際費に該当する。

解　説

　政令が，「会議に関連して，茶菓・弁当その他これらに類する飲食物を供与するために通常要する費用」と明示する，いわゆる会議費は，交際費に含まれない。税務の取扱いでは，会議費の定義を，

「会議に際して社内又は通常会議を行う場所において通常供与される昼食の程度を超えない飲食物等の接待に要する費用」である。濫費，冗費防止が交際費課税の趣旨とするならば，場所，内容，参加者，開催時間など会議の規模に応じて，当然かかる費用であり，仮に高額な支出であっても否定されるべきものでもない。

　裁判所も，「内定者に対する説明，事前研修等は，即戦力の養成等の観点から普通の会議とはやや性格を異にする面があり，それらの回数や会場などからして濫費のおそれは少なく，上記の内定者懇親会の食事費用程度は社会常識的に見て採用費や研修費として許容されて然るべきではないかと見る余地はたしかにある（現に，課税庁も従前はこれらの費用を交際費と扱ってこなかったことが認められる。）」。しかし，これらのことを考慮しても，現行法令上の解釈としては，裁判所の結論はやむを得ない。

【参考】　さいたま地裁平成16年2月4日判決
【参照】　措令37の5，措通61の4(1)-21

事例25 販売促進と接待・供応の限界

――工場見学者への交通費――

納税者の主張

納税者は海産物加工業を営む法人である。同社では，各市場の担当者及びスーパーマーケットの仕入担当者が同社の工場見学に訪れた際に支払った金員を，販売促進費として会計処理している。この金員は，旅費，交通費などの実費を負担したものであって，交際費に該当しない。

裁判所の判断

右金員は，各市場の担当者及びスーパーマーケットの仕入担当者，すなわち得意先その他事業に関係ある者に対して支払われたものであることはもとより，足代と称して手渡されてはいたものの，旅費等を具体的に計算して金額を決められたものではなく，部長クラスの人には10万円，課長クラスの人には5万円，その他の人には3万円と決められていたものであり，工場見学に来る人たちが接待よりは現金をもらったほうが喜ぶことから接待に代える趣旨で手渡されていたものであるから，旅費等の実費を負担したものではなく，接待と同じ目的，すなわち右の者らの歓心を買い，当該市場及びスーパーマーケットとの取引関係の円滑な進行を図ることを目的として支払われたものであって，接待，贈答ないしこれらに類する行為の

ために支出したものと認めるのが相当である。

解説

　大手スーパーや大手ホームセンターなどでは，偏った商品仕入などを防止する観点から，また，事業関係者等との親睦を密にすることを避けるためなどの理由により，バイヤーとメーカー等の担当者とが，食事などの接待・供応を伴うような行為は禁止するというような話を耳にしたことがある。

　本事案は，工場見学に訪れた各市場の担当者及びスーパーマーケットの仕入担当者に，足代の名目で支払った金員は，販売促進費ではなく交際費と認定された事例である。

　例えば，新製品の展示会に得意先等を招待する場合や，自社製品に関する商品知識の普及のために製造工場へ得意先等を見学させる場合は，得意先等に自社製品等を選択してもらうという販売促進を目的とした宣伝的効果を期待するものといえる。しかし，このような現地案内費用等は，得意先，仕入先その他事業に関係ある者に対して接待・供応を伴う行為が含まれがちであり，交際費と認定される場合がある。

　税務の取扱いでは，このような現地案内費用等となる交通費又は食事もしくは宿泊のために通常要する費用については，販売のために直接要する費用として交際費に該当しないこととしている。

　したがって，工場見学後の宴会などの費用は，工場見学等に通常必要な費用といえないと判断され，その目的が接待・供応にあるとして交際費と認定される場合も出てくる。もっとも工場見学等に通常必要な費用については，具体的な金額などの定めはないことから，

実質的な内容によって交際費等に該当するか否かの判断をすることになることはいうまでもない。

本事案において裁判所は，各市場の担当者及びスーパーマーケットの仕入担当者を工場見学させた行為が，自社製品等に関する商品知識の普及等のための見学であるとするか，それとも従来からの顧客を接待する目的のものか，どちらかに重点を置いているかにより，交際費等に該当するか否かの判断をしたものと考えられる。

確かに，工場見学が自社製品等に関する商品知識の普及等を目的としたことであれば，販売促進のための必要な行為というべきであり，工場見学等に通常必要な費用といえる。

しかし，本事案では，足代として手渡されてはいたものの，旅費等の実費を負担したものではなく，部長クラスの人には10万円，課長クラスの人には5万円，その他の人には3万円と決められていたものであり，工場見学等に通常必要な費用とはいいがたい。

また，接待に代える趣旨で手渡されていたものであるならば，工場見学に訪れた各市場の担当者及びスーパーマーケットの仕入担当者に対して接待・供応を伴う行為が含まれていたと考えられ，交際費に該当するといわざるを得ない。なお，税務の取扱いでは，「得意先，仕入先等の従業員に対して取引の謝礼等として支出する金品の費用」は，交際費に含まれるとされている。

結局，工場見学等に通常必要な費用については，実質的な内容によって交際費に該当するか否かの判断がなされるため，実務的な対策としては，販売促進の意図を明確にしておくことが重要といえるだろう。

【参考】　仙台地裁昭和58年4月8日判決
【参照】　措通61の4(1)-15(9)，61の4(1)-17

事例26 工場見学の招待費用

——工場見学に通常要する費用と観光旅行——

納税者の主張

　納税者の取引先に対して支払ったリベートは，販売促進費である。仮に，本件リベートが工場見学費用の一部を負担することを目的とする支払に当たるとしても，損金の額に算入すべきである。本件見学は，主要取引先の子会社が，納税者の工場見学を実施することを目的として，アメリカ合衆国のディーラー等，取引先を日本に招待したものであって，その目的及び工場見学が販売促進に果たす役割を考えた場合，交際費に該当するとは認めがたい。仮に工場見学に付随して行われた日本観光に要した費用の負担部分が交際費に該当するとしても，工場見学に通常要する費用の負担部分までもが交際費に該当すると解する理由はない。

課税庁の主張

　本件リベートは，取引先子会社に対し，販売リベートの名目で支出されているが，真実は，取引先子会社が主催して実施されたアメリカ合衆国のディーラー等取引先の日本招待旅行の費用を負担する目的で支払われた金員を，取引先子会社に対する販売リベートであるかのごとく仮装して支出したものである。

　よって，本件リベートは，日本観光を目的として行われた日本招

待旅行であり，その費用負担のために支払われた金員は，交際費に該当する。

裁判所の判断

　本件，工場見学の招待者は，納税者の製品を購入したユーザーとその夫人であるが，今回の工場見学によりユーザーに2台目，3台目を購入してもらうことが販売促進につながるうえ，納税者の工場は，特別な工場であり，アメリカ合衆国における納税者の知名度や製品に対する信頼度を高めるためには，有効な販売促進策であると企画し，工場見学を行った。

　また，旅行日程のうち，観光に当てられた日は2日だけであり，他は，移動日の午後や工場見学の後の時間を観光に当てたというようなものである。

　そのため，本件リベートのうち，アメリカ合衆国のユーザー80名を工場見学に招待するために通常要する費用（航空運賃，移動に伴う交通費，宿泊費用などの一部）は，交際費に当たるとは認めがたく，これを損金に算入すべきである。

解　説

　工場見学と旅行を兼ねあわせた工場見学旅行は，多くの会社において，さまざまなかたちで行われている。

　もちろん，自社の製品に関する知識を向上させ，製造工程を説明することは，顧客の囲い込みができるばかりか，自社の知名度も高めることができる。また，将来の顧客に対し，工場見学も兼ねて旅

行等の接待も行うことができるならば，一石二鳥であると考えるのは自然なことであろう。

こうした製造業者等が自社の工場見学に招待する場合以外に，卸売業者などが，製造元の工場見学に招待したり，自社取扱いの製品を含む，複数の商品が展示されている展示会などに招待する場合も考えられる。

このような展示会が，いつも東京や大阪などの都市圏で行われるとは限らず，観光地や温泉地のリゾートホテルを借り切って行うことも珍しくはない。

こうした場合，観光地などのリゾートホテルに得意先を招待することにより，展示会などの色彩が薄くなり，専ら接待のための招待ではないかと指摘されることも想定される。

実際に，名目上の展示会で，実のところ接待を目的とした旅行であることが明らかな場合は，展示会招待旅行にかかる費用のほとんどに関して，交際費であるとされても仕方がない。しかし，本来的に展示会を行うことがメインであり，その開催場所がたまたま温泉地などであった場合，その費用の中で展示会に直接要した費用などは，販売促進費などの損金として処理できると思われる。

しかしながら，食事などの宴席にかかる費用に，コンパニオンなどの費用が多分に含まれており，かつ１人当たりの食事代が一般的な温泉で出される金額に比して明らかに大きな場合，その宴席にかかる費用は展示会などの費用と分けて考え，交際費として処理することになると思われる。

本事案からわかることは，工場見学旅行などの旅行日程は，その行程の中で，どこまでが展示会や見学会に要した日程なのか，また，どこからの日程が観光旅行に当たるのか，明確に区分することによ

り，全体を交際費として認定されないような根拠を残すことが重要である。

その上で，参加した人数と内訳（顧客，関連会社社員，自社の社員など）を正確に記録し，1人当たりにかかった費用を計算しておくことにより，旅費交通費，販売促進費，交際費などに区分することで，損金処理できるものと，できないものとの合理的判断が必要になることはいうまでもない。

【参考】　大阪地裁平成4年1月22日判決
【参照】　措通61の4(1)－16，61の4(1)－17

事例27 研修を前提とした工場見学の費用

——得意先団体役員等の工場見学の性格——

◇ 納税者の主張

寝具，衣類等の販売を業とする株式会社が，婦人団体の役員等を温泉地へ一泊旅行に招待した費用は，交際費ではなく会議費である。

「招待旅行費用」は，婦人団体の役員等を対象として開催した研修会のために支出した費用であり，交際費には該当しない。

開催した研修会は，販売外交・集金員としての役割を果たす婦人団体等の役員に対する研修として必要なものであり，また，実質的に研修が行われているのであるから，右研修会開催に要した費用は，交際費とみるべきではない。

芸人等出演の一事をもって，研修会すべてがそのような目的で開催されたとみるべきではなく，研修対象者が中年の婦人であるため，研修会の堅苦しさを取り除くためもあって，夕食時に多少の娯楽を加味したにすぎない。

◇ 課税庁の主張

一泊招待旅行は，事業関係者たる婦人団体等の役員の慰安を目的として行われたものであって，およそ一般の企業において行われる職員の研修とは異なり，その内容は極めて短時間の会社の概況説明，新製品等の説明が行われている程度のものであり，研修としての実

態を備えていない。

　また，参加者の人選は専ら婦人団体に委ねられており，都合のつく人が参加していたものである。なかには二，三度参加する者もあり，かつ，参加者は招待旅行，慰安旅行と認識していた。

　招待旅行の際，商品の説明や集金に関する説明があったとしても，それはたまたま慰安旅行の機会を利用して付随的に説明されたにすぎず，本件招待旅行が慰安，接待を目的とした旅行であることを妨げるものではない。

裁判所の判断

　本件一泊旅行に招待した婦人団体等の役員は，婦人団体等が納税者と取引を行う場合に，その会員に対する展示会への招待，販売の斡旋，月賦代金の集金等の納税者の営業活動の一部を担当するとともに，自らも会員として納税者の商品を購入する得意先でもあるから，「事業に関係ある者」と認められる。

　また，工場の見学についても，旅行参加者全員が参加したものではないこと，旅行参加者（全員が女性）の関心を忖度して日程に入れたものであること等の事実に照らすと，実質的な納税者の業務研修ということはできない。

　多額の費用を本件旅行に支出した目的は，婦人団体等の役員を接待して，親睦を深め，その歓心を買うことによって取引関係の円滑を図ることにあり，旅行に参加した役員を通じて，その婦人団体の構成員を得意先に獲得し，販売の拡大を図ることにあったものと認めるのが相当である。

💡 解 説

　旅行の招待費用に関する事案においては，納税者は販売促進費，会議費，研修費などを主張する傾向は強い。その費用の性格と範囲の捉え方が重要となるが，さまざまな性格と範囲の支出が交錯することも否定できない。

　一般消費者の工場見学は，広告宣伝的な支出として販売促進費に該当することはいうまでもない。得意先や見込み客を，製造業であるなら自社の工場，小売業者であるなら仕入れ先の工場などに案内する場合も同様であるべきである。

　案内する工場が遠方にある場合はもとより，近郊に工場があったとしても，宿泊等を伴う酒食の席が設けられることは珍しいことではない。得意先等を工場に案内する目的は，自社の製品・商品に関する知識を向上させることで，効果的な販売活動の促進を目指すことにある。したがって，現に取引のある得意先等の工場見学に伴う交通費，宿泊費，食事代等に関しては，通常の範囲を超えない場合には，販売促進費に該当する。

　これに対して，見学の対象が見込み客等である場合には，あくまでも顧客獲得のための行為であると考えることで，基本的に交際費に該当する。

　では，得意先に対する旅費等の費用で，通常の範囲を超えない部分とはどの部分を指すのであろうか。

　交通費については，実費金額を超えて負担した支出，工場見学に伴う移動と異なる支出などが交際費に相当すると考えられる。宿泊に関しても，通常社内研修で考えられる費用を超え，明らかに工場見学の名を借りた接待，供応に該当すると考えられる支出は，交際

費に該当する。例えば，工場周辺の宿泊施設を使わずに，わざわざ遠方の温泉地に出向き，懇親会を中心とした招待旅行など催行した場合には，仮に工場見学等が予定に組まれていても，交際費として認定される可能性は高い。

　こうした点を踏まえるならば，工場見学を実施する際には，その日程の中に工場の見学時間や商品知識を向上させる研修時間などが占める割合を多くする必要がある。単なる物見遊山ではなく，研修を前提とした企画を盛り込まなければならない。その時間と内容の判断としては，通常行われる従業員等に対する社内研修等が大いに参考になるはずである。

　宿泊や食事に関しても，通常考えられる範囲を意識しながら，あまり過剰な宴席は避ける方が良いであろう。

【参考】　東京地裁昭和53年1月26日判決
【参照】　措通61の4(1)−16，61の4(1)−17(4)

事例28 交際費と広告宣伝費
――宣伝パンフレット添付の茶葉――

納税者の主張

納税者は，語学関係教科書の出版を業とする法人である。同社の教材の採用が見込まれる全国の各大学等の教師等約10,000人に，社名が印刷された包装紙に包んだ300円程度の茶葉を同封し，カタログ，パンフレットを配布した。

茶葉は広告宣伝の効果をより高める目的で，パンフレットと併せて送付したものである。つまり，特定の者に対してではなく，不特定多数の者に対する宣伝的効果を意図して支出されたものであるから，広告宣伝費というべきである。特別な関係にある者に対しては，お中元及びお歳暮の品を送っており，それらの費用は交際費として会計処理している。

社名入りの紙製パックで簡易に包装された茶葉は，1個当たり300円程度で，少額なものであるから，交際費から除かれる「これらに類する物品」に当たることは明らかである。

課税庁の主張

宣伝パンフレットと併せて送付した茶葉の費用は，取引関係にある語学関係の教授等や取次店等に，盆，暮れ又は年賀用品として贈答した茶葉の代金であるから，広告宣伝のための費用とは認められ

ない。

　贈答した茶葉は嗜好品であるから，「これらに類する物品」には当たらず，「法人が，その得意先，仕入先その他事業に関係のある者等に対する接待，供応，慰安，贈答その他これらに類する行為のために支出するもの」に該当するから，交際費とするのが相当である。

審判所の判断

　送付した茶葉の配布先は，全国の大学等職員録から把握した担当教授等であり，その中で同社の教材として採用したのは，20％から25％にすぎない。

　また，茶葉の送付先である担当教授等が，特定の者であるか不特定多数の者に当たるかは，当事者の相対的な関係において判断されるべきでものであって，本件の場合，語学関係教科書の出版社であり，その販路が限定されているという特殊性を考慮すれば，潜在的な採用可能性のある者を含めて一律に配布していることから，その配布先の担当教授等は不特定多数に該当する。

　そして，茶葉は，社名入りの簡易な包装によるものであり，パンフレット等と同封して送付していることから，販売促進のための広告宣伝的効果をより高める意図のもとに配布されたものであるから，広告宣伝費と認めるのが相当である。

解説

　本事案は，宣伝用パンフレットと同封して送付した茶葉の費用が，広告宣伝のための費用であるか，交際費であるかについて争われた

ものであり，その結果，交際費ではなく，広告宣伝費に当たるとされた事例である。

課税庁は，宣伝用パンフレットと同封して送付した茶葉は，広告宣伝の物品ではなく嗜好品であり，取引関係にある語学関係の教授等に年賀用品やお中元等として配布されたものであるから，交際費に当たるという見解である。

税務の取扱いでは，不特定多数の者に対する宣伝的効果を意図して支出する費用は，広告宣伝費の性質を有するものとして取り扱われ，広告宣伝費と交際費との区分をしている。

広告宣伝費か交際費かどうかの区分の判断基準は，①「支出の相手方」が「不特定多数の者」であるか否か，②「支出の目的」が宣伝的効果を意図したものであるか否か，③広告宣伝のために通常要する費用であるか否か，の三つが考えられる。

本事案では，①茶葉の送付先である担当教授等が，不特定多数の者に当たるか否か，②社名入りの簡易な包装による茶葉は，宣伝的効果を意図したものであるか否か，③同封した茶葉の価額は少額か否か，ということが争点となるといえる。

裁決では，茶葉の送付先である担当教授等が，不特定多数の者に当たるか否かについては，当事者の相対的な関係において判断されるべきでものであって，販路が限定されているという特殊性を考慮すれば，潜在的な採用可能性のある者を含めて一律に配布していることから，「不特定多数の者」に該当すると判断している。

例えば，飲料メーカーがペットボトルに景品等を付けて販売することは，今では当たり前となっている。茶葉といえば，ある飲料メーカーでは，お茶のペットボトルに，そのお茶の葉を景品に付けて販売したことがあった。これは，こだわった茶葉であることを強

調し，数あるお茶の商品の中から，その商品を選んでもらうという戦略だったのであろう。

　カタログやパンフレットというのは，受け取った者が必ずしも封を開けて見るとは限らないことから，送付する者は，受け取った者に封を開けさせることを考えなくてはならない。先の飲料メーカーの景品等と同様に，本事案の茶葉も，受け取った者にカタログやパンフレットの封を開けさせるという販売促進のための広告宣伝的効果をもつと考えられる。

　審判所は，茶葉は，社名入りの簡易な包装によるものであり，パンフレット等と同封して送付していることから，販売促進のための広告宣伝的効果をより高める意図があったと認めている。

　また，同封した茶葉の価額は少額か否かということについては，単価300円程度のものであったという事実を認められているにすぎない。これは，茶葉が「カレンダー，手帳，扇子，うちわ，手ぬぐいその他これらに類する物品」に該当し，かつ，少額なものであると判断したと考えられる。

【参考】　国税不服審判所昭和50年7月21日裁決
【参照】　措令37の5，措通61の4(1)-9

事例29 交際費と広告宣伝費の区分

―― 開店祝いの花輪代 ――

納税者の主張

　納税者は，冷凍冷蔵設備の設計施工を業とする株式会社（同族会社・資本金3,000万円）であり，冷凍設備等の設置工事を行った食料品販売店の開店祝いの花輪又は生花（以下，花輪等）を贈呈している。納税者は，この花輪等の購入代金を広告宣伝費に当たるものとして，全額を損金に算入していた。納税者は，花輪等の贈呈が納税者自身の広告宣伝のためであると主張する。

課税庁の主張

　一般に，開店祝いの花輪等は，取引等の関係のある者から，開店の雰囲気作りのためにお祝いとして贈られるものであって，交際目的に出るものと解される。仮に，贈る側に広告宣伝の目的があったとしても，特段の事情のない限り，それは二次的な目的にすぎないというべきである。

　納税者による花輪等の贈呈についても，用いられたのは一般に開店祝い用として販売されているものであって，納税者の社名を殊更大きく表示する等広告宣伝のための特別の仕様のものではなく，また，花輪等の贈り先が特定していることはもとより，その中に納税者との取引関係を前提としないものはない。さらに，納税者が花輪

等の贈呈を申し出ても，相手から断られれば行われないし，相手から求められれば，これに応ずるなど，その贈呈は個別の交際を基礎として行われているものである。加えて，冷凍設備工事業という納税者の業種に照らすと，花輪等の贈呈による宣伝効果それ自体が疑問である。

裁判所の判断

　花輪等の性格について，開店祝いの花輪は，これが当該店舗の店先に並ぶことにより華やかさが増し，開店の祝賀気分を盛り上げるとともに人目を引くなどの当該店舗にとって望ましい効果を有すること，そのため，取引界において取引先等の開店に際し，これを祝う意思を表出する手段として花輪等を贈呈する慣行があることがそれぞれ認められる。

　花輪等を贈呈することは，特段の事情が存在しない限り，納税者が冷凍設備等の設置工事をした相手先店舗に対し開店祝いとして花輪等を贈呈した行為は，いわゆる「つきあい」として慣行に従うという面が多分にあるものの，工事発注に対する謝意と今後の友誼を願う意図とを込めた祝賀の意思を表すことを主たる目的としたものと推認されるが，その真意は，とりもなおさず，相手先店舗との親睦の度を密にして取引関係の円滑な進行を図る目的，すなわち交際目的にほかならず，したがって，本件花輪代は措置法規定の交際費に当たるというべきである。

　交際目的と広告目的とは必ずしも相排斥する関係にはなく，宣伝目的をあわせもって行われることがむしろ通常であるともいえるが，そうであるとしても，その外形から客観的に判断される当該行為の

主たる目的が交際のためであれば，これに係る費用はなお交際費に当たるものと解される。

したがって，納税者による花輪等の贈呈行為が祝賀の意思を表すことを主たる目的とすることが推認される以上，納税者自身の宣伝目的をもあわせ有していたというだけでは，本件花輪代を交際費と解することとの妨げとなるものではなく，本件花輪代が交際費ではなく広告宣伝費に当たるとするためには，花輪等の贈呈の主たる目的が納税者の広告宣伝であると客観的に判断されるような外形的事実関係が存することが認められなければならない。

解説

広範で複雑な企業活動における支出の中には，その性格と目的を一律に判断できるものばかりとは限らない。交際費の隣接費用とされる会議費，福利厚生費，販売促進費，近隣対策費そして広告宣伝費のような費用は，多様な目的を含有している場合もあるので，一概に交際費と判定することは難しい。

税務の取扱いでは，広告宣伝費とは，不特定多数のものに対する宣伝効果を意図するものと理解されている。少なくとも花輪自体は，つまり，外形的にはまさしく広く地域社会の不特定多数の者に対して開店等を宣伝し，来客を招来する目的の展示物である。

例えば，医師，弁護士，税理士のように宣伝広告が規制されているような業種においては，花輪を掲出する行為は（祝儀・不祝儀を問わず），地域社会に対する数少ない宣伝方法である場合もある。このように，花輪の贈答は気軽で身近な宣伝方法として，広く一般に受け入れられているといえよう。

一方，贈答者の意図は，裁判所が指摘するように，いわゆる「つきあい」的要素の強いものであることも否定できない。気軽で身近な宣伝方法であるから，「つきあい」程度の手段に用いられるという見方もできる。

　しかし，「つきあい」といっても設備工事業を営む納税者が，発注先に，工事の完成と同時に花輪等を贈答するという事情を考慮するとき，「つきあい」程度のものでも交際目的の方の比重が高いとする裁判所の見解を積極的に否定する理由は見い出せない。

　ただ，交際目的と宣伝目的とが交錯する行為における「つきあい」程度の支出が，冗費・乱費を抑制するという交際費課税の趣旨に合致したものであると理解が得られることは難しいのではないかと感じる。中小企業の体質と慣習を理解する者としての実感である。

【参考】　静岡地裁平成7年10月13日判決，東京高裁平成8年10月30日判決，最高裁平成9年11月28日判決
【参照】　措通61の4(1)－9

事例30 取引先に対する贈答費用と広告宣伝的効果
──お中元・お歳暮としての贈答費──

納税者の主張

租税特別措置法の規定の趣旨は，冗費に対して課税するということである。租税特別措置法施行令の規定に掲げる費用の内容は，いずれも交際費であり，同条に掲げるカレンダー等の物品は，通常の中元及び歳暮の贈答品である。これらの贈答に要する費用は，それが冗費ではなく，企業を継続していくうえで又は企業活動を行っていくうえで必要最小限の交際費として，租税特別措置法に規定する交際費から除くことが認められているものである。

そして，本件贈答費に係る贈答品は，清涼飲料等で，1件当たりの価額は2,000円ないし3,000円で，その合計額は売上高に対し，わずかな金額にすぎないから，本件贈答費は租税特別措置法施行令の規定に掲げる「カレンダー，手帳，扇子，うちわ，手ぬぐいその他これらに類する物品」に当たり，交際費から除かれるべきである。

課税庁の主張

交際費とは，広い意味における交際，接待，贈答その他これに類する行為のために支出した費用をいうから，その支出が交際費に当たるか否かは，事業に関係のある者等に対して，前記のような行為に当たる支出がなされたか否かによって決定されるものであって，

冗費性の有無により決定されるものではない。

本件贈答費は，いずれも納税者の事業に関係のある者等に対する贈答のために支出した費用であり，かつ，当該贈答品は，いずれも租税特別措置法施行令の規定に掲げる物品に該当するものではないから，当該費用は交際費に該当する。

審判所の判断

法人の支出する費用が交際費に当たるかどうか又は交際費から除かれる費用に当たるかどうかは，もっぱら租税特別措置法又は租税特別措置法施行令に規定する要件に該当するかどうかにより決定されるものであって，当該費用が企業活動を行っていくうえで必要最小限のものであるかどうかを問わないものと解すべきであり，また，冗費のみが交際費に当たるものとはいえない。

租税特別措置法施行令に規定するカレンダー等を贈与するために通常要する費用は，取引先等に対する贈答費用であっても，多数の者に対して配付することを目的とし，主として宣伝的効果を意図するもので少額なものであるところから，それが贈答のために支出された費用であっても，これを交際費の額から除いているものと解される。

以上により，本件贈答費は，納税者の事業に関係のある者に対する贈答のために支出した費用であり，かつ，主として広告宣伝効果を意図する物品を贈答するために要する費用に当たらないことが明らかであるから，租税特別措置法施行令の規定に掲げる費用とは認められず，他に本件贈答費を交際費から除かなければならない法的根拠も認められない。したがって，本件贈答費は，交際費とするの

が相当である。

解　説

　交際費課税の趣旨の一つに冗費性，すなわち無駄な費用の視点がある。そのため，高額な支出金額ならともかく，少額な費用に関しては交際費課税の対象外と考えがちとなる。この場合に，少額の範囲がおおむね3,000円以下とする考え方が，いわばひとり歩きしているのが実情である。

　商取引において，得意先からの入金等に対して一定割合に基づいて値引きや割戻しなどの協力度合いに応じた還元をすることは，一般的である。このうち，割戻しとして得意先に金銭を支出することは，交際費に該当しない。しかし，金銭を受領した得意先は収益に計上することになる。これを避けるためには，物品を提供することになるが，この場合は，本来の割戻し算定基準と同一の基準で算定した購入単価が3,000円以下の少額物品に限られている。この3,000円基準が，交際費課税の領域で誤解を生じさせている。

　同様の誤解は，租税特別措置法施行令が規定する「カレンダー，手帳，扇子，うちわ，手ぬぐいその他これらに類する物品」の範囲にもある。本来，物品を贈与する費用は，交際費等である。中元及び歳暮として贈答することは，わが国では企業間においても，また，商取引に関係のない個人間においても，慣習として行われている。しかし，企業が中元及び歳暮を贈答することは，措置法が規定する得意先等に贈答するための支出の最たるものである。

　したがって，カレンダー等の物品を贈与するために支出する通常の費用は，本質的には交際費に該当する。しかし，これらの物品が

多数の者に配付することを目的とし，主として広告宣伝的効果を意図するものであり，その価額が少額であるものについては，交際費から除外することになっている。

　この場合の少額の程度については定められていないが，広告宣伝用の物品としておのずから明らかになるだろう。少なくとも，購入単価が3,000円の物品を広告宣伝用として多数に配布するようなことは，常識的には考えにくい。ボールペン，シャープペンシル，社名入りゴルフボールなどが一般的である。

　なお，社名等が記されていることは必ずしも要件ではないが，広告宣伝的効果を意図するものであるとするならば，物品や包装に社名や商品名等が明記されていなければ，贈答する意味がないことになる。

　また，図書カード，クオカードのようなプリペイドカードに社名等を印刷し配布することがある。これらのカードを，カレンダー等の物品と同様に扱うことができるか否かは，議論のあるところであるが，宣伝広告的効果を目的とする少額な支出を交際費等から除外するという趣旨を踏まえれば，適用されるべきである。

【参考】　国税不服審判所昭和55年6月14日裁決
【参照】　措通61の4(1)−4，61の4(1)−20

事例31 広告宣伝費の限界と交際費

――謝恩セールの景品――

納税者の主張

納税者は，漬け物の製造，販売及び製茶等を業とする法人である。本社工場を建築したため，新築完成記念として，3か月間にわたって謝恩セールを行い，その期間中に150万円以上の商品（漬物）を購入した者には韓国旅行招待に，同様10万円以上の購入者にはその額に応じ各種の電化製品の贈呈をしたものである。

納税者は，この本社新築完成記念謝恩セールの韓国旅行招待費用及び電化製品の景品代を広告宣伝費に当たるものとして，全額を損金に算入していた。

措置法通達において，「製造業者又は販売業者が，一定の商品等を購入する一般消費者を旅行，観劇等に招待することをあらかじめ広告宣伝し，その購入した者を旅行，観劇等に招待する場合のその招待のために要する費用は交際費ではなく，広告宣伝費に含まれる」ものとしているのであって，右通達に照らしても，本社新築完成記念謝恩セールの韓国旅行招待費用及び電化製品の景品代が広告宣伝費に当たるものであることは明らかである。

納税者は，ポスターやチラシを多方面に配布し，不特定多数の者に呼びかけて行う場合であるから，広告宣伝費であると主張する。

課税庁の主張

本社新築完成記念謝恩セールの韓国旅行招待費用及び電化製品の景品代は、交際費に当たる。

裁判所の判断

本社新築完成記念謝恩セールの韓国旅行招待費用及び電化製品などの景品代については、3か月間、従前から継続取引のあった卸売業者、小売業者、大口消費者（学校、会社、病院、料理屋等）のほか、新たに継続取引を期待できる業者を対象にして、本社新築完成記念謝恩セールを実施し、150万円以上の商品（漬物）を購入した者を韓国旅行に招待し、同様に10万円以上の購入者にはその額に応じ各種の電化製品を贈呈するのに要したものであることが認められる。

招待ないし贈呈基準に照らし、不特定多数である一般消費者すなわち通常継続して取引することが予定されていない最終消費者をも対象としていたものとは到底認めがたく、特定の得意先又は得意先として期待できるものを対象として一定の購入基準により旅行招待、景品贈呈付き販売を行った場合のその招待、贈呈に要した費用は、支出の相手方及び支出行為の客観的性質からみて、交際費に該当するものである。

解　説

本事案は、得意先等を対象として行った招待・景品付き販売費用は、広告宣伝費ではなく、交際費に該当するとされた事例である。

交際費とは，交際費，接待費，機密費その他の費用で，法人が，その得意先，仕入先その他事業に関係する者等に対する接待，供応，慰安，贈答その他これらに類する行為のために支出するものをいい，広告宣伝費とは，不特定多数の者に対する宣伝的効果を意図して支出するものをいう。

　広告宣伝費は，宣伝の方法によっては，その行為が交際費と類似しているため，広告宣伝費と交際費の区分がしばしば問題となる。

　このようなことから，税務の取扱いでは，不特定多数の者に対する宣伝的効果を意図して支出する費用は，広告宣伝費の性質を有するものとして取り扱われ，広告宣伝費と交際費との区分をしている。

　本事案においても，「製造業者又は販売業者が，一定の商品等を購入する一般消費者を旅行，観劇等に招待することをあらかじめ広告宣伝し，その購入した者を旅行，観劇等に招待する場合のその招待のために要する費用」は，交際費ではなく，広告宣伝費に含まれるとの税務の取扱いがあることから，本社新築完成記念謝恩セールの韓国旅行招待費用及び電化製品の景品代は広告宣伝費として損金処理をしていたが，その行為が交際費と類似していることから，交際費に該当するか否かが争われた。

　広告宣伝費と交際費は，不特定多数の者に対する支出か否か，また，宣伝的効果を意図する支出か否かが区分の重要なポイントである。

　本事案において，これらの点については，納税者は，ポスターやチラシを多方面に配布し，不特定多数の者に呼びかけて行ったと主張している。

　しかし，裁判所は，従前から継続取引のあった卸売業者，小売業者，大口消費者（学校，会社，病院，料理屋等）のほか，新たに継続

取引を期待できる業者に対する支出であったと述べており，支出の相手方は，特定の者に対する支出であり，一般消費者すなわち通常継続して取引することが予定されていない最終消費者とは認めがたいとしている。

そして，支出の目的は，宣伝的効果を意図したものではなく，特定の取引先ということから，物品の贈答等に当たると考えられ，交際費に該当するという判断である。

広告宣伝費と交際費との区分において，不特定多数の者であるか否かや宣伝的効果を意図したものであるか否かなどの判断は，個々の実態に即して判断されるべきであると考えられる。旅行招待・景品付きの謝恩セールは，特定の消費者の歓心を買い，今後の取引を円滑にすることを目的とするだけではない。本来，この種の旅行は，新聞広告等で広く宣伝するなど，一般消費者の購買意欲を刺激することが重要である。いずれにしても細心の注意が必要であることを示した事例といえる。

【参考】　大津地裁昭和55年6月9日判決，大阪高裁昭和56年1月23日判決，
　　　　　最高裁昭和56年7月21日判決
【参照】　措通61の4(1)－9

事例32 不特定多数の者の範囲と広告宣伝費の限界

──得意先に対する招待旅行──

納税者の主張

製造業者である納税者が支出した広告宣伝費の一部は，セールスキャンペーンであって，これらの費用は，広告宣伝費に該当する。

セールスキャンペーンは，いずれも不特定多数の者に対する宣伝効果を意図したものであり，一定の製品を購入する一般消費者を招待することをあらかじめ広告宣伝し，その購入者を旅行に招待するために要した費用であり，また，上記支出の中には，年末年始謝恩セールの景品の掛紙の代金もあり，これも交際費には該当しない。

セールスキャンペーンの宣伝対象は，当社の特約店等卸売業者の顧客である大工，工務店，建築材料店であり，これらは，当社の得意先ではない。

課税庁の主張

本件セールスキャンペーンは，フロアー100坪又は35坪を買い上げるごとに1人を旅行に招待する旨のポスターを卸売業者の店頭などに掲示する方法をとったものである。旅行招待者の資格及びその広告内容から，卸売業者の顧客である大工，工務店，建築材料店を対象に企画されたものであることは明らかであり，とうてい一般消費者を対象とする広告宣伝のために招待旅行が行われたとは認めら

れない。

　当該旅行招待の相手先が特約店等の卸売業者であっても，また，その顧客である大工，工務店，建築材料店であっても，交際費の相手先に対する支出と何ら異なるものではない。

審判所の判断

　通常広告宣伝費とは，購買意欲を刺激することを目的として，商品の良さを広く不特定多数の者に訴えるための費用を指し，その相手方を常に不特定多数のものとしている。

　また，卸売業者と，その顧客である大工，工務店，建材材料店等との関係は，その数が制限された相対的なものであるから，不特定多数を対象としたものとはいえない。

　また，本件における，大工，工務店，建材材料店等は，その対象及び数が制約されており，当該製品の最終的な使用者又は消費者ではないから，これらの者を一般消費者というのは相当ではない。

　そのため，本件セールスキャンペーンは，交際費に含まれないものであるとの主張は採用できない。

解説

　通常，「不特定多数の者」に対する宣伝効果を意図するものは，交際費ではなく広告宣伝費に該当するものとされている。この「不特定多数の者」の範囲がどこまでなのかが，交際費と広告宣伝費の分かれ目になる。

　通常，「不特定多数の者」とは，特定の取引先などではなく，広

く「一般消費者」を前提にしている。この「一般消費者」とは，最終的に製造した製品などを購入し，消費する相手方であり，流通の最終段階に位置する。

　つまり，「小売業者」や「卸売業者」が相手先である場合，個人，法人を問わず，その相手先を旅行や観劇などに招待する場合，その費用に関して，広告宣伝費とすることはできず，取引先である事業者の歓心を買うための費用であり，特定の者を相手とした交際費としてみるのが妥当である。

　また，広告宣伝費と認められる場合であっても，あらかじめ広告宣伝をしていたものについてのみ認められる点に注意しなければならない。つまり，あらかじめ広告宣伝がないということは，それ自体，特定の相手先を前提としているのであるから，広告宣伝費ではなく，交際費に該当するということである。

　しかし，あらかじめ広告宣伝を出していた場合でも，本件のような，特定の相手先を選択していることが明らかな場合，交際費に該当することはいうまでもない。

　例えば，極端な例であるが，乗用車などを購入した相手方を旅行に招待する旨の広告宣伝を行い，購入者を旅行に招待した場合はどうであろうか。

　通常，乗用車を購入する個人は，一般消費者であり，いわゆる自家用車を購入することが多い。この一般消費者は，旅行招待という特典に興味を示した「不特定多数の者」になる。そうなれば，自動車販売会社が支出する招待旅行の費用は，広告宣伝費に該当するといっていいだろう。

　一方，乗用車の購入者が，事業を営んでいる個人や法人の場合は，留意しなければならない。仮に旅行招待という特典に興味を示して

購入したとしても,乗用車をいわば業務用に利用する事業者は,不特定多数の一般消費者に該当するとはいいがたいのである。対象が事業者の場合には,実際には,旅行費用相当額の値引き等が考慮されるとしても,交際費として検討すべき余地が出てくる。

　乗用車などは,購入した相手先の利用に応じて,交際費となるか広告宣伝費となるか,判断の分かれるところであるが,建設機械など,その利用方法が明らかに一般の消費者でないものを販売することによる,旅行や観劇の招待は,たとえ広く広告宣伝を行った場合でも,交際費に該当するものと考えられる。

【参考】　国税不服審判所昭和51年1月28日裁決
【参照】　措通61の4(1)－9

事例33 「不特定多数の者」の意義と広告宣伝効果
──商品券・ビール券の購入費用──

納税者の主張

納税者は，各種コンクリート製品の製造販売等を業とするが，商品券及びビール券を百貨店から購入し，この費用を販売促進費として計上した。これについて，商品券及びビール券は，会社において広告宣伝費や福利厚生費又は支払手数料として使用したものであるとして，次のように主張した。

会社では，開発した新製品を設計事務所とか業者の売り込みに行くとき，そのパンフレットとともに，粗品として商品券やビール券を持っていった。また，取引先に挨拶に行ったときに渡したり，大学や設計事務所の先生あるいはセラミックの関係で世話になった人に渡したりした。その他，一生懸命働いてくれた従業員に対して賞与的に渡したり，結婚祝い，出産祝い等に使用したこともある。

課税庁の主張

納税者は，自社の製品を購入してもらったり，地方公共団体が行う工事において自社製品の使用を指定してもらったりする等の便宜を図ってもらうために，地方公共団体の職員等に手渡す商品券を購入，使用し，その費用を交際費課税を免れるため，購入費用を製造原価及び一般管理費の中の販売促進費として計上した。すなわち，

接待交際費に該当する経費を他の経費として仮装計上したものである。

裁判所の判断

　税法上，交際費とは「交際費，接待費，機密費その他の費用で，法人がその得意先，仕入先その他事業に関係のある者等に対する接待，供応，慰安，贈答その他これらに類する行為のために支出するもの」とされるが，右のような支出であっても，不特定多数の者に対する宣伝効果を意図する一定の支出は広告宣伝費として，交際費に含まれないことになるところ，右にいう「不特定多数の者」とは一般消費者を想定しているものと解され，そもそも資材の製造業者である会社にとっての取引業者，設計事務所等は，右にいう一般消費者ということはできないばかりか，商品券やビール券は，租税特別措置法施行令38条の2にいう「カレンダー，手帳，扇子，うちわ，手ぬぐいその他これらに類する物品」ということもできないのであって，これらの者に対する売り込みや挨拶回りに際して商品券やビール券を配布したとしても，それを広告宣伝費とすることはできない。

　さらに，商品券を賞与として渡したとか，結婚祝い等に使用した旨の主張も，その交付先，金額等はまったく不明であって，信用することができない。したがって，右購入費用が福利厚生費，支払手数料として計上されるべきであるとの主張も採用できない。

解 説

　納税者は，商品券やビール券を，開発した新製品を売り込む営業のツールの一つとして使用するため，広告宣伝として商品券やビール券を購入したと主張している。

　贈答をする際に，先方の好みや満足度を考慮して，品物ではなく，商品券，旅行券，お食事券，ビール券，図書券，文具券といった金券を贈る場合がある。

　また，最近では，金券ほど現実的ではないが，金券に近い趣旨といえるカタログギフトを贈るケースが多くなってきている。カタログギフトは，贈られた人が好きな商品を選ぶことができ，贈られる喜びとともに選べる楽しさもあるのが人気の秘密であろう。

　税務の取扱いでは，不特定多数の者に対する宣伝的効果を意図して支出する費用は，広告宣伝費の性質を有するものとして取り扱われ，広告宣伝費と交際費等との区分をしている。広告宣伝費か交際費等かどうかの区分の判断基準として重要なのは，「支出の相手方」が「不特定の者」であるか「特定の者」であるかということ，「支出の目的」が宣伝的効果を意図したものであるかということ，広告宣伝のために通常要する費用であるかということなどである。ここでいう通常要する費用とは，物品を贈答する場合には，物品の価額が少額であるということになる。

　本事案では，支出の相手方は一般消費者ではなく，取引業者や設計事務所といった事業に関係ある者であり，不特定の者であるとはいいがたい。

　また，仮に特定の者であっても，多数の者に配布することを目的とし，主として広告宣伝的効果を意図する「カレンダー，手帳，扇

子，うちわ，手ぬぐいその他これらに類する物品」を配ったとするならば，問題はない。

　しかし，商品券やビール券を，カレンダー等の物品と同様に扱うことは一般的には難しい。商品券やビール券は金券であり，受け取った側は，金券ショップなどで容易に換金でき，また，転用も可能なのである。いわば金銭の交付と同様の行為とみなされる場合もある。少なくとも商品券やビール券の配付が，広告宣伝を意図したものとは考えにくい。

　なお，商品券やビール券の換金性を考慮すると，会社が購入した商品券等の使途や管理に当たっては，いわゆる裏金作りなどの指摘を受けないような対策を講ずる必要がある。

【参考】　奈良地裁平成6年5月6日判決，大阪高裁平成8年3月5日判決
【参照】　措令37の5，措通61の4(1)-1，61の4(1)-9，61の4(1)-20

事例34 広告宣伝費の対象と交際費の対象
——ボックスシート購入代金——

納税者の主張

納税者はジャムやマーマレード等の製造販売を営む法人であるが，広告宣伝のため，有名球場のボックスシートを購入した。

このボックスシートの背面には，社名等が記載されることから，これが観客の目に触れることになり，また，ボックスシートを有していること自体が会社の宣伝等の面において有益であると考え，購入したものである。

したがって，ボックスシートの購入代金は，広告宣伝費である。

課税庁の主張

本件のボックスシート購入代金は，広告宣伝費ではなく，交際費に該当する。

裁判所の判断

本件のボックスシートの背部に，納税者の会社名が記載されたが，そのほかに宣伝文言，取扱商品名ないし商標等の表示は一切なされておらず，また，ボックスシートに会社名を表示するか否かによって，料金に差異はないことが明らかであり，ボックスシートに記載

された会社名も当該ボックスシートを利用する権利を納税者が購入したことを表示するにすぎないものと認められ，本件ボックスシートの表示が，一般的にみて専ら不特定多数の者に対する納税者の宣伝的効果を意図するものとは認められないので，本件ボックスシート購入代金は，広告宣伝費ではなく交際費と認められる。

解説

　プロ野球の公式戦やＪリーグが開催される主要球場の年間ボックスシートの席料は，数十万円程度の価格帯で購入できるが，中には数百万円のボックスシートもある。いずれにしても，一般的に気軽に購入できる金額ではないため，主要球場のボックスシートを接待の目的や懸賞等のために購入する企業は多い。

　本事案では，ボックスシート購入代金が，広告宣伝費に該当するか，それとも交際費に該当するかが争われた事例である。

　広告宣伝費とは，不特定多数の者に対する宣伝的効果を意図する支出をいう。しかし宣伝の方法によっては，その行為が交際費と類似しているため，広告宣伝費か交際費かどうかの区分が問題となる。

　税務の取扱いでは，不特定多数の者に対する宣伝的効果を意図して支出する費用は，広告宣伝費の性質を有するものとして取り扱われ，広告宣伝費と交際費との区分をしている。

　また，交際費から除かれる費用の例示として「カレンダー・手帳・扇子・うちわ・手ぬぐいその他これらに類する物品を贈与するために通常要する費用」が定められており，「これらに類する物品」については，多数の者に配布することを目的として主として広告宣伝的効果を意図する物品でその価額が少額であるものとするとして

いる。

　これらの税務の取扱いにおいて，広告宣伝費か交際費かどうかの区分の判定基準のポイントは，①「支出の相手方」が「不特定多数の者」であるか否か，②「支出の目的」が宣伝的効果を意図したものであるか否か，③広告宣伝のために通常要する費用であるか否か，であると考えられる。

　さて，本事案においては，納税者は取引先や従業員に，野球の入場券を提供して，野球を楽しんでもらうためにボックスシートを購入したものであるとされており，「支出の相手方」が「不特定多数の者」であるか否かは，取引先や従業員に対するものであるため，「不特定多数の者」には該当しないことになる。いわゆる「特定の者」に該当する。

　ここでいう「不特定多数の者」とは，一般消費者を想定しており，仮にジャム等の製造販売を営む納税者が，あらかじめ広告宣伝したうえで，一定の商品を購入した一般消費者を野球場に招待する場合には，交際費には該当しなかったであろう。

　また，「支出の目的」が宣伝的効果を意図したものであるか否かについて，納税者は，このボックスシートの背面には社名等が記載されることから，これが観客の目に触れることになり，また，ボックスシートを有していること自体が会社の宣伝等の面において有益であると考え，購入したものであるとされている。

　しかし，裁判所は会社名のほかに，宣伝文言，取扱商品名ないし商標等の表示は一切なされておらず，ボックスシートに記載された会社名もボックスシートを利用する権利を会社が購入したことを表示するにすぎないものと認められ，ボックスシートの表示が，一般的にみて専ら不特定多数の者に対する会社の宣伝的効果を意図する

第2部　判例・裁決事例 53

ものとは認められないとしている。

　確かに，ボックスシートは，接待の目的や懸賞等のために使われることが多く，一般的にみて専ら不特定多数の者に広告宣伝効果を意図するものとは認められないとする裁判所の見解を，積極的に否定することは難しい。

　本事案のボックスシート購入の背景には，球団を所有している企業との取引が本格化したこと等により，売上は急激に増加し，その取引先の強い要望により，付き合いで購入したものであるとされている。

　したがって，本事案のボックスシート購入代金は，その得意先，仕入先その他事業に関係のある者に対する接待，供応，慰安，贈答その他これらに類する行為のために支出したものであることは否定できない。

　なお，当然のことであるがボックスシートの利用者が専ら従業員など社内の人間である場合には，福利厚生の目的で購入したと考えることができよう。

【参考】　東京地裁昭和57年10月7日判決
【参照】　措通61の4⑴−9，61の4⑴−20

事例35 交際費と福利厚生費の範囲

――創立記念パーティー――

納税者の主張

納税者は，創立30周年を記念して，ホテルにて祝賀会を開催し，本件記念行事費用を福利厚生費として損金に計上したものである。本件記念行事は，社業の隆盛を慶祝するとともに，全従業員とその家族を慰安するために催したものであり，社長以下全従業員とその家族及び下請業者のみを参加させており，内輪の家族的祝宴行事である。

したがって，一般の創立記念行事等において，各界の関係者を招き社業披露のため接待，供応する対外的な祝宴とは全くその趣を異にするものであり，交際費とされるべきものでない。

課税庁の主張

交際費の課税の対象となる交際費とは，「交際費，接待費，機密費その他の費用で，法人が，その得意先，仕入先その他事業に関係のある者等に対する接待，供応，慰安，贈答その他これらに類する行為のために支出するもの（専ら従業員の慰安のために行われる運動会，演芸会，旅行等のために通常要する費用その他政令で定める費用を除く。）」をいい，「事業に関係のある者等」の中には，当該法人の従業員も当然に含まれる。

本件支出は，納税者の従業員とその家族のほかに下請業者をも対象としてなされた本件祝賀会に係るものであり，専ら従業員のために支出されたものではない。下請業者は，納税者から独立して存在する業者であり，納税者の受注工事を離れては納税者の指揮監督下にもないものであって，納税者の従業員と同視することはできないから，それらの者を接待した者と認めるのが相当である。
　したがって，本件記念行事費用は，措置法所定の交際費に該当する。

裁判所の判断

　租税特別措置法において，「専ら従業員の慰安のために行われる運動会，演芸会，旅行等のために通常要する費用」を交際費から除外しているのは，従業員も「事業に関係のある者等」に含まれ，その慰安行事のため支出する費用が本来は交際費に該当することを前提としながら，右費用が通常要する費用の範囲を超えない限りは，従業員の福利厚生費として法人において負担するのが相当であり，その全額につき損金算入を認めても法人の冗費抑制等の目的に反しないとして，これを交際費から除外することにしたものと解される。

解　説

　本事案は，会社創立30周年記念祝賀会に要した費用が交際費に該当するとされた事例である。
　記念行事に際し，得意先や仕入先等を招待して行われる記念パーティー費用は，得意先，仕入先その他事業に関係のある者等に対す

る接待，供応のために支出したものとして，交際費として取り扱われるが，その際に，従業員も参加する場合が多く見受けられる。その場合に，税務の取扱いではどのように取り扱われるか判断に迷うところである。

　税務の取扱いでは，専ら従業員の慰安のために行われる運動会，演芸会，旅行等のために通常要する費用は，福利厚生費に該当し，交際費等の範囲から除かれることを明らかにしており，福利厚生費と交際費との区分を次のように定めている。

　社内の行事に際して支出される金額等で次のようなものは交際費に含まれないものとする。

①　創立記念日，国民祝日，新社屋落成式等に際し従業員におおむね一律に社内において供与される通常の飲食に要する費用

②　従業員（従業員であったものを含む）又はその親族等の慶弔，禍福に際し一定の基準に従って支給される金品に要する費用

　したがって，得意先や仕入先等を招待して行われる記念パーティー費用は，すべての従業員が参加していたとしても，専ら従業員の慰安のために行われたものとは考えられず，従業員のために支出した部分を交際費から除いて福利厚生費として取り扱うことはできないと考えられる。

　本事案においては，裁判所は，祝賀会の参加者の中に下請業者が含まれており，専ら従業員の慰安のためのものであるとはいえず，従業員及び下請業者1人当たりの平均額からみて相当に高額であり，これらの諸点を総合すれば，右祝賀会は，法人が費用を負担して行う福利厚生事業として社会通念上一般的に行われていると認められる行事の程度を超えているといわざるを得ず，交際費に該当するというべきであると判示している。

確かに，祝賀会が，法人が費用を負担して行う福利厚生として社会通念上一般的に行われていると認められる行事の程度を超えている可能性もあり，交際費として解釈されることは否定できない。

　しかし，会社を創立して10年，20年と続くのは，まさしく従業員が頑張ってくれているからということを忘れてはならない。日ごろの感謝を込めて，普段では行けないような有名ホテルでのパーティーを従業員の慰安のために行うことが，福利厚生としてあってもいいのではないだろうか。

　従業員に対する経営者の熱い思いがあるというだけで，福利厚生か否かを判断することは難しいが，福利厚生として社会通念上一般的に行われていると認められる行事の程度を超えているかどうかを支出金額の多寡をもって交際費と福利厚生費を区分するのではなく，より一層広く解釈されることを望みたい。

【参考】　東京地裁昭和57年8月31日判決
【参照】　措通61の4(1)−10

事例36 工事竣工披露式典費用と交際費
――落成式における飲食費用――

納税者の主張

都市ガス供給業を営む同族会社である納税者が支出した費用のうち，パイプライン施設工事の落成式に伴う費用は，支出の状況よりみても社会通念上通常要する費用であるから，交際費には該当しない。

課税庁の主張

納税者が落成式とした費用は，式典の祭事のために通常要する費用ではなく，パイプライン工事の落成祝いにおける来客用の飲食代及び祝賀パーティにかかる費用であるから，交際費に該当する。

審判所の判断

納税者が落成式とした費用が，交際費に該当するかどうかという点について，その費用の内訳は，鯛付赤飯249個（単価1,350円），焼き鯛・おこわ・一合酒各198個（単価それぞれ1,000円，2,000円，220円）の代金であり，請求書の備考欄に社内用と社外用の個数がメモ書きされており，課税庁は，この社外にかかる費用を交際費としている。

通常，進水式，起工式，落成式等の式典は，社会慣習上，工事の

安全，事業の安穏を記念するために行われるものであり，これらの式典の祭事のために通常要する費用は交際費には該当せず，この場合の祭事のために通常要する費用には，祭壇費等の神事の費用のほか，工事現場に設けたテント等において参加者に儀礼的にふるまわれる簡単な飲食の費用も含まれるものと解される。

本件において，支払った飲食費用が特に高額とはいえず儀礼的なものであり，また式典に使った費用も通常必要な物品等の使用であること，本件式典の招待者は工事関係者及び地元関係者が大部分であることなどから，祭事のために通常要する費用とみるのが相当であり，課税庁の処分は失当である。

解　説

本事案において審判所は，落成式に関する飲食費用等について，社外の人間に対しての支出した飲食費用を厳密に区分して交際費とした課税庁の処分を否定している。

税務の取扱いでは，落成式などに要した飲食費用を，社内・社外と明確に区分して処理し，原則として社外の関係者に要した部分は交際費に当たる。また，従業員に要した部分については，落成式に当たりおおむね一律社内において供与された通常の飲食に要した費用は福利厚生費とされるとしている。

通常，社外の人間を招いて行われる行事に対する飲食費用は，支出の全部が交際費であると考えられがちである。確かにそれらの行事は，見込み客や得意先などの事業関係者を中心として行われることが常である。つまり，接待色の強い内容であり，今後の業務につなげるために必要な支出であることが多い。また，1人当たりの飲

食費用として換算した場合に，通常考えられる金額より大きな支出であることも一つの要因であろう。

本事案における審判所の判断は，式典の参加者が工事関係者及び地元の関係者が大部分であること，式典の祭事のために支払った飲食費用が特に高額とはいえず儀礼的なものであることなどを拠りどころにしている。しかし，式典の性格，式典の内容，式典参加者の範囲，式典における飲食費用の価額などによっては，飲食費用も交際費として判断しなければならない場合も出てくる。

実務的には，落成式などの式典にかかった飲食費用は，参加者ごとに詳細に区分けを行い，儀礼的な来賓，事業関係者の招待客，自社の役員・従業員など，参加者の区分を明確にしたうえで，式典の性格・内容と参加者の範囲を考慮し，必要に応じて交際費と福利厚生費に区分する方が賢明であろう。

落成式といえば，上棟式などと同じく，工事に従事した建設会社及びその下請先の従業員を呼び，酒肴料として現金や商品券などを贈る場合がある。こうした酒肴料として交付する現金や商品券は，飲食にかかる費用ではないが，その内実として飲食費用に付随する費用である。こうした費用は，上棟式などの場合，通常，建物の取得費に算入することになるが，交際費損金不算入とされる部分に関しては，建物の取得費から減額することができるので注意が必要である。

【参考】　国税不服審判所平成2年12月19日裁決
【参照】　措通61の4⑴－15⑴，61の4⑵－7

事例 37 　結婚披露宴費用

——法人代表者の結婚披露宴費用の損金性——

納税者の主張

　社長の結婚披露宴に，取引先や同業関係者等の事業関係者を多数招待したため，会社は結婚披露宴の費用を交際費として損金経理した。

　結婚披露宴は今後の親交を願い，取引関係の円滑な進行を図るため行ったものであるから，交際費に当たる。それによって会社の業績は飛躍的に向上したことからも明らかである。

　会社役員の社葬費用が会社の損金として認められるのに，会社役員の結婚披露宴費用が会社の損金として認められないのは不合理である。

課税庁の主張

　納税者である会社が損金として支出した金額は，ホテルで行った社長の結婚式及び結婚披露宴に関連する費用で，個人として負担すべきものであり，役員賞与と認められ，損金に算入できない。

　たとえ代表者の披露宴であって，取引先等を招待したとしても，それは代表者個人の社会的地位に基づく私的なものというべきで，会社自体の業務遂行とは何ら関係がない。

　社葬費用を損金と認めるのは，社葬が死亡した役員の生前の会社

に対する功労に対して最後の餞として当該会社が主体となってなされる行事であって，それは本来，得意先等に対する接待等の性格を帯びるものではなく，福利厚生的な性格をもつ。結婚披露宴は本来私的行事であり，社葬とは本質を異にする。

裁判所の判断

　結婚披露宴はそもそも，結婚当事者が結婚の事実を双方の親族や親しい関係者らに知らせて，これらの者から祝福を受け，かつ今後の親交を願うため行われる行事であって，結婚当事者が事業を経営している場合には，その事業にとって重要な取引先あるいは同業者らに対して結婚を披露し，今後の取引の円滑な進行を願うこともその目的に含まれるのは当然である。

　このような結婚披露宴の趣旨に加え，披露宴が社会慣行上個人の私的行事とみなされる結婚式と同時に，すなわち挙式に引き続いて行われるのが通常であって，いわば結婚式に付随するものであることを考えると，結婚披露宴は特別の事情が認められない限り結婚当事者の私的な社交的行事であると考えるのが相当である。

　結婚披露宴費用が社葬費用と同様に会社の損金に認められるべきであると主張するが，社葬は死者が生前役員等として会社に功労があった場合，その功労に対する餞として当該会社が主催して行う儀式であって，それは本来福利厚生的な性格を帯びるものである。これに対し，結婚披露宴は本来私的な行事で通常結婚当事者がこれを行うものであるから，社葬とは性質を異にするものというべきである。

解説

　会社で取締役などの地位にある者が結婚披露宴を行った場合は，会社の取引先等の事業関係者を招待することが多い。この場合，会社の取引先等の事業関係者が多数招待されたということで，この費用を会社で負担したときに，交際費になるかどうかが問題となる。本事案では損金性は否定され，役員賞与と認定された。納税者は，結婚披露宴費用の交際費としての損金性を，社葬費用にかかる税務の取扱いと同様のものと主張している。

　確かに税務の取扱いでは，社葬費用について，「法人が，その役員又は使用人が死亡したため社葬を行い，その費用を負担した場合において，その社葬を行うことが社会通念上相当と認められるときは，その負担した金額のうち社葬のために通常要すると認められる部分の金額は，これをその法人の損金に算入することができる」と示している。もっとも，その損金性は，裁判所も指摘するように福利厚生費的な性格であり，交際費的な性格を容認しているわけではない。

　さらに，裁判所は，「結婚披露宴は本来私的な行事で通常結婚当事者がこれを行なうものであるから，社葬とは性質を異にする」といっている。しかしながら，結婚披露宴も葬儀も私的な行事に変わりはない。社葬であっても通常の葬儀と形式が大きく異なるわけでもなく，単に費用負担の問題である。そうはいっても社葬費用の福利厚生費的性格を否定する必要はない。

　葬儀の参列は，参列者自身の判断で行われる。その根底には故人，喪主，遺族関係者との関わり合いがある。事業関係者である参列者の場合は，交際費的思考に基づく社交儀礼の認識が強い。いわば社葬に関する交際費議論は，参列者側にある。

これに対して，結婚披露宴を，接待，供応という交際費本来の趣旨と性格を考慮すると，結婚披露宴を私的な行事とばかりはいい切れない。なぜならば，披露宴の参列者は，結婚当事者が選別し招待しているからである。一般の結婚披露宴であっても，席次，主賓，乾杯の発声，挨拶の手順など仕事絡みの人選は当然のこととして行われる。これが結婚当事者が事業を経営している場合には，結婚披露宴を取引先等に対するまたとないチャンスと捉える場合もある。とくに中小企業においては，夫唱婦随的な家族の経営が行われることが多いことから，取引先などを招待することで信頼を得ることになる。

　裁判所のいう，「特別の事情」については不明確である。例えば，結婚披露宴は親族等，通常の形式で行い，これとは別に事業関係者を対象とした結婚披露パーティを行った場合などが，「特別の事情」となるだろうか。

　いずれにしても，結婚式や結婚披露宴が私的な行事として認識されている限りは，事業関係者を招待したとはいえ，一般的に法人がその費用を負担することは難しいといえる。ただ，事業関係者である招待客の人数で按分計算をして算出した費用については，合理的なものとして費用性を考慮してもいいと考える。

【参考】　京都地裁昭和50年2月14日判決，大阪高裁昭和52年3月18日判決
【参照】　措法61の4，法基通9－7－19

事例38 会葬者への追善供養

――社葬費用の範囲――

納税者の主張

納税者は，家具販売業を営む同族会社である。同社は，創業者でもある前代表取締役の社葬の際に，会葬者に食事を提供する仏事（以下「おとき」という）のために支出した費用において，故人の遺族及び友人に係る「おとき」の費用及び引物購入費は，社葬のために通常要すると認められる部分の金額に該当すると主張する。

すなわち，社葬といえども，最小限度の近親者や友人の出席は必要であり，これらの者に係る「おとき」を会社の負担にしないとすると，社葬としての意味をなさない。また，引物購入費についても，会葬者には香典返しを済ませており，社葬の際の引物には香典返しの趣旨はなく，「おとき」と一体のものと考えるのが妥当である。

課税庁の主張

社葬は，在任中に功績のあった役員又は使用人の死亡に対し，当該法人が施主となって得意先等の事業関係者とともに弔意を表すべく行うものであり，請求人が寺院で行った葬儀がこれに該当し，その後ホテルで行った「おとき」は社葬には該当せず，支払った費用も社葬費用には該当しない。「おとき」の費用のうち，出席人数で割った場合，通常供与される昼食の限度を超えており，遺族友人に

かかる「おとき」の費用は現代表取締役の役員賞与とし，それ以外の部分に関しては交際費に該当する。

引物購入費は，「おとき」の費用の一部となるものであると納税者は主張しているが，引物は元来香典の返礼と解されるものであり，社葬費用には該当せず，現代表取締役への役員賞与に該当する。

審判所の判断

創業者でもある前代表取締役は，業務の発展に多大な寄与があったと認められ，死亡に当たり，社葬を行うことは，社会通念上問題なく，通常かかる費用を損金に計上することは妥当である。

社葬のために通常有すると認められる金額には，故人の遺族が負担すべき費用は含まれない。そのため，葬儀の後に場所をホテルに移して行われた「おとき」は，故人の追善供養のために行われたものであり，社葬費用には当たらない。

得意先，仕入先等の事業関係者に対しての「おとき」は交際費とし，近親者への「おとき」は，会社の社葬費用にも交際費にも該当せず，現代表取締役が負担するのが相当である。また，香典も遺族が収受しているため，「おとき」の際に供された引物も香典を収受したものが負担すべきであり，会社の損金に該当せず，現代表取締役への役員賞与と認めるのが相当である。

解　説

本事案において，葬儀に引き続き行われた「おとき」と，その際に供された「引物」が社葬のために通常要すると認められるかどう

かという点が争われた。

　納税者は，会社の所在する地方において，追善供養を目的とした「おとき」は葬儀の際に供されるのは一般の慣習で，「おとき」のない葬儀は成り立たないとしている。

　確かに，追善供養である「おとき」自体，故人との別れを悲しみ，故人をしのぶためになされるものであり，取引先や世話になった列席者と昼食時に最小限度の食事を供するものである。

　しかし，課税庁，審判所ともに下した判断の中で，「おとき」を葬儀とは切り離して判断している。そうであるならば，通達の中で「社葬のために通常要すると認められる部分」とあるのは，純粋に葬儀と呼ばれる部分に関する金額のみであり，その後執り行われる追善供養は，社葬に関する費用には一切該当しないことになる。

　本事案では，ホテルに場所を移して行われた「おとき」に関して，社葬費用に含まれないとしている。それでは，仮に最近葬儀の執り行われることが多くなった「セレモニーホール」と呼ばれる総合葬儀施設で葬儀から追善供養まで行われる場合はどうなのであろうか。

　この場合，セレモニーホールでは，特別にホテルのような場所を用意したものと異なり，一切を当該施設で済ませることができる。会葬者は，葬儀の終わった後，追善供養を済ませ，引物を手に三々五々帰っていくのである。

　確かに，セレモニーホール等の明細で食事や引物に対する金額がいくらであったかを後日確認することはできるが，通常，一式の金額として葬儀に関する費用に含まれて請求されることも多い。しかし，本事案に基づく取扱いによる場合，セレモニーホールといえども，会葬者名簿を確認し，追善供養に参加した故人の親戚や，友人の人数を割り出し，全体で按分して交際費となるか，遺族の個人的

負担とするか厳密に区分する必要がある。

　事例37「結婚披露宴費用」として取り上げた中で，裁判所は「社葬は死者が生前役員等として会社に功労があった場合，その功労に対する餞として当該会社が主催して行う儀式であって，それは本来福利厚生費的な性格を帯びるものである」としている。

　そうであるならば，葬儀と一体となった場合の追善供養や引物が通常要する金額の範囲内であれば，社葬として経費に算入できる取り計らいがあってしかるべきである。しかし，現時点では「社葬」，「追善供養」と「引物」を厳密に計算し，社葬費用，交際費，遺族の個人的負担に分類し，経理処理する必要がある。

　今後は，社葬において，会葬者と故人との関係を確認できるよう，芳名帳に会葬者の肩書だけではなく，故人との関係を記載する欄が必要になるのかもしれない。

　なお，葬祭は地域によって習慣や行事が異なる場合があり，一律に論ずることができないが，これは社葬であっても同様であるべきである。

【参考】　国税不服審判所昭和60年2月27日裁決
【参照】　法基通9－7－19

事例39 交際費の趣旨と二重課税

――記念行事の費用と祝儀――

納税者の主張

企業が記念行事等を開催する場合に、記念行事等の費用は、支出総額から記念行事に招待されて出席した者が持参した祝儀の額を差し引いた額であって、措置法に規定する「交際費等の額」とは、この実質的な負担額によるべきである。

課税庁の主張

措置法に規定する「交際費等の額」の計算を行うに当たって、交際費課税は、その交際、接待等の行為そのものに対して行われるものである以上、措置法に規定する「支出する交際費等の額」とは、現実にその交際、接待等の行為に要した費用の総額をいうものと解すべきである。

したがって、本件祝儀の額は、本件記念行事に要した費用の支出総額から控除することはできない。

審判所の判断

ここでいう交際費とは、法人がその得意先等に対して行った交際、接待等の行為自体に着目して、その行為のために支出する費用がこ

れに該当するものというべきであり，このような交際費に対する課税をするに当たっては，当該交際，接待等の行為の対象となった相手方の課税関係のいかんは問わないものと解すべきである。

措置法に規定する「支出する交際費等の額」とは，交際費として法人が現実にその記念行事等に要した費用の総額をいうものであると解するのが相当である。

したがって，「支出する交際費等の額」とは，本件記念行事に係る支出の総額をいうもので，これから受け入れた祝儀の額を控除した額と解することはできない。

解　説

交際費課税については，税務の取扱いを詳細に定められているにもかかわらず，実務においてトラブルは絶えない。それゆえ，企業にとっては最も関心のあるところである。

本事案は，措置法に規定する「支出する交際費等の額」の意義が争われた事例である。すなわち，企業が，措置法に規定する「支出する交際費等の額」を計算する場合に，記念行事に係る費用の支出総額から祝儀の額を控除することができるか否かが争点となっている。

納税者は，記念行事等の費用は，その支出総額から記念行事に招待されて出席した者が持参した祝儀の額を控除した額であると主張する。その理由は，①企業は，記念行事等を開催する場合に，支出総額から記念行事に招待されて出席した者が持参した祝儀の額を控除した額が記念行事等の費用であると認識していること，②企業が会費制の記念行事等を行う場合，その費用については，支出総額か

らその会費を控除することが是認されているが，そうでない場合に会費を控除することを認めないのは，課税上バランスを欠くこと，③祝儀を支出する法人とそれを受け入れる法人の双方に交際費等の損金不算入の規定が適用されるので，二重課税と考えられること，としている。

裁決は，①措置法の規定の趣旨は，政策的な配慮から法人がその得意先等に対してした交際，接待等の行為自体に着目してこの行為のために支出する費用について課税するものであり，「支出する交際費等の額」とは，交際費等として法人が現実にその記念行事等に要した費用の総額をいうものであること，②会費制の記念行事の会費と独自に主催する記念行事の祝儀とでは，そもそもの性格を異にするのであるから，交際費等の損金不算入の規定を適用するに当たって，両者の取扱いが異なることは当然で，課税上，バランスを欠くものではないこと，③記念行事の開催者及び祝儀を支出した法人の双方に交際費等の損金不算入の規定が適用されても，それは，それぞれ別個独立した法人の個々の交際ないし接待等の行為に着目して交際費課税が行われるものであって，交際，接待等の行為の対象となった相手方の課税関係のいかんは問わないものであるから，二重課税論は認められないこと，を述べている。

結局，審判所は，交際費課税の趣旨及び措置法に規定する「支出する交際費等の額」の意義を踏まえたうえで，「支出する交際費等の額」とは，交際費等として法人が現実にその記念行事等に要した費用の総額をいうものであることを判断した。

交際費課税は，企業の自己資本の充実と冗費を抑制する目的で創設されたものである。わが国の経済状況は，創設当時とは大きく変わっており，冗費の内容と範囲については，議論のあるところであ

る。冗費の概念を個別の企業で考えるか，社会全体で考えるかによっても，その抑制の目的も変わってくる。冗費の抑制は，関連業界の景気に影響を及ぼすことを踏まえると，経済政策の要素も絡み，単に課税だけの問題ではない。冗費の捉え方で，二重課税論を肯定する考え方も容易にできることになる。さらに，現在では，企業の自己資本の充実を図るという趣旨は，ほとんど意味をなしていないとも考えられる。

　この制度は，基本的には課税強化という形で進められてきたが，景気が低迷してくると課税を緩和する改正が行われてきたことも周知の事実である。本事案を，現在の状況で考察すると，交際費課税の根本的な見直しが必要と感じざるを得ない。

【参考】　国税不服審判所昭和62年8月25日裁決

事例 40 交際費課税の趣旨と計算方法

――祝儀等の受贈とパーティー費用――

納税者の主張

納税者は，創業50周年記念事業の一環として，工場及び新本社ビルを建築し，工場竣工披露パーティー及び本社ビル竣工披露パーティーを行った。

交際費損金不算入制度を規定する措置法の規定は，交際行為の際に収受した祝金収入分の控除を認めると解釈する余地がある。

措置法により損金不算入となる交際費の額とは，法人がその得意先，仕入先その他事業に関係のある者等に対する接待，供応，慰安，贈答その他これらに類する行為において現実に支出した金額の全部をいうのではなく，その行為の相手方から当該法人に支払われることが社会的慣行となっている祝金のような交際行為と不可分一体の関係にある収入がある場合には，その収入分を控除した金額をいうと解すべきである。

したがって各記念行事費からそれぞれ招待客から収受した祝金を控除した額を，交際費の損金算入額として本件申告をするのは当然のことである。

課税庁の主張

各記念行事は、いずれも納税者の得意先、仕入先その他事業に関係のある者を招待して、これを接待、供応をするために納税者が催したものであり、いわゆる会員制によるものではないから、これに要した費用は措置法に規定する交際費に該当するものである。納税者は本件事業年度終了日における資本の金額が損金算入の限度額を超える法人であるから、措置法の規定により、各記念行事の開催費用として支出した本件各記念行事費は、事業年度の所得の金額の計算上、その全額が損金不算入となるものである。

納税者が本件各記念行事費のうち損金不算入額から控除した金額を、所得金額の計算上、申告所得金額に加算するものである。

裁判所の判断

措置法の交際費の損金不算入に関する規定は、資本の金額が損金算入の限度額を超える法人においては、会計処理上は経費である費用のうちの「交際費等」につき、これを所得の計算上損金に算入しないとする課税上の特例（交際費損金不算入制度）を定め、別項で、損金に算入できない費用とされる「交際費等」の具体的内容及び範囲を定める。これによると、資本の金額が損金算入の限度額を超える法人については、その事業年度において支出する交際費の額がすべて損金不算入となり、その控除、減額等の計算に関する格別の規定が置かれていないことからすると、措置法の規定は、事業年度に支出する所定の交際費の額の全部を損金不算入とする規定であると解するのが相当である。

解説

　交際費課税は，冗費を抑制するという趣旨から，交際費課税の損金不算入制度を設けている。この冗費の内容と範囲については，議論のあるところである。

　本事案は，記念行事開催のために支出した交際費等の額から受領した祝金を控除して交際費等の額を計算することができるか否かを争われた事例である。いわば実質的な冗費論でもある。

　税務上，交際費は，接待，供応，慰安，贈答その他これらに類する行為のために支出するものとされている。そして，記念行事開催にあたって受領した祝儀等は，雑収入として益金の額に算入されることとなっている。

　納税者の主張によれば，交際費を支出する交際行為において，交際行為と不可分一体の関係にある祝金のような収入がある場合には，その収入分を控除した金額をもって損金不算入の対象となる交際費の額とすべきであるとしている。

　この場合の祝金について，裁判所は，納税者がいうところの祝金は，記念行事等の交際行為が会費制あるいは協賛の形態で行われる場合に支払を受ける会費あるいは協賛金といった本来的に行事費の一部負担金となるものではなく，当該交際行為の相手方から任意に支出される金員を指すものと解されると述べた。このことは会費制のパーティーとの取扱いの相違を明らかにしたといえる。

　会費制のパーティーの場合には，主催者が参加者から集めた会費と主催者が負担した費用は，明確に区分することができることから，パーティー費用から受領した会費を控除して交際費の金額を計算することができると考えるべきである。

これに対して，招待客が持参する祝儀等は，行事費の一部を負担する意思をもって支出したものというよりも，むしろ招待客が祝意を表すために贈る金銭等であり，主催者と招待客との付き合いの程度によって，金銭等の額はそれぞれ異なる。

　祝金と行事の開催に係る交際費との関係について，裁判所は，招待客が行事の主催者に対して支出する祝金は，招待客の交際行為に係る交際費に当たる費用であるから，行事の開催に係る交際費との関係は，同一の機会に行事の主催者と招待客との二つの交際行為が行われ，それぞれの交際行為のためにそれぞれが交際費を支出したという関係であると見解を示した。贈与者と受贈者との，いわゆる二重課税論を否定している。祝金を受領した主催者と支出した招待客の課税関係は，別に考えるべきものとしている。

　結局，裁判所は，交際費の額の計算においては，祝金収入分につきこれを控除するなどといった実質負担的な方法を考慮することはできないものと判示した。

【参考】　東京地裁平成元年12月18日判決

事例 41　交際費課税の範囲と交際費控除の限界

――祝儀収入と交際費の趣旨――

納税者の主張

　納税者は，鉄鋼並びに鉄鋼製品の卸販売等を営んでいる株式会社である。創業25周年記念並びに工場設備の増設及び工場社屋完成の落成を祝うための式典を催した。納税者はその納税申告において，本式典の費用から招待客から受領した祝金を差し引いた残額に損金算入限度額を控除した残りの金額を損金不算入として申告を行った。

　祝金は主催者の収益（雑収入）として計上すべきものではなく，交際費の費用の中で，その控除項目として経理処理されるのが妥当であり，祝金を交際費等の額から控除せず収益とすることは，社会全体にとって，交際費の二重課税の結果となる。

　二重課税のような不当な結果を来す解釈は，回避すべきである。

課税庁の主張

　本件記念式典は，納税者が事業に関係ある者を招待して接待，供応するために開催したものであるから，その費用全額が交際費等に該当するものである。本件記念行事は，納税者が事業に関係ある者を招待して接待，供応するために開催したものであるから，その費用全額が交際費に該当するものであり，祝金相当額の部分は，その支出がなかったとみるとか，その交際費性が失われるとかの関係に

あるとすべき根拠はない。

🟦 裁判所の判断

　本件祝金は，本件記念式典に招待を受けた客が祝意を表すために主催者である納税者に対して贈呈した金銭である。本件記念式典に招待されなければ，祝金も贈呈されることもなかったという点においては，本件祝金の贈呈と本件記念式典費の支出とは密接な関係にあるといえる。

　しかし，本件祝金は当初から本件記念式典の費用の一部に当てられることが予定されていたものではなく，納税者は祝金の贈呈の有無及びその金額の多寡にかかわりなく，当初から本件記念式典全額の支出が予定されていたものである。その場合，本件記念式典との関係において，損金不算入の対象となるのは，本件記念式典費用の全額であって，これから祝金を控除するような取扱いは解釈上許されないと解するのが相当である。

💡 解　説

　記念祝賀パーティなどに出席する場合，招待客が祝金を持参することは，冠婚葬祭に際して祝儀，香典などの名目で金員を持参するわが国の習俗の一環であると，納税者は上告理由の中で述べている。確かに，祝儀は記念式典などに参加することを前提に持参するものであり，記念式典に対する対価として考えることは，一見おかしくないように見える。

　しかし，交際費課税そのものは，「接待，供応，慰安，贈答その

他これらに類する行為のために支出するものをいう」のであり，交際目的で支出する金額の全額を指すものと考えるのが自然である。

つまり，記念式典に出席した費用の一部については，参加者にあらかじめ了解を得たうえで負担してもらった金額ではない。そのため，祝儀に関しては，交際費勘定のマイナスとして処理するのではなく，雑収入等の勘定で処理すべきものである。

招待者で構成される記念祝賀パーティとは異なるが，会費制のパーティや懇親会などのケースも想定される。確かに，会費制のパーティや懇親会は，あらかじめ負担すべき会費の金額が明示されているケースがほとんどであり，その意味においては，会費と記念式典に招待客が持参する祝儀とは異なる。

しかし，会費制パーティの場合であっても，税務上は，記念式典と同じように取り扱うものとされている。つまり，内容的には記念式典とあまり変わりがなく，単にあらかじめ金額を明示しているにすぎないとみられるからである。

つまり，会費制パーティであっても必ず主催者が存在する事は事実であり，その主催者が参加者を招待するという構図も記念式典とあまり大差がなく，その上，パーティに関する費用は主催者が一括して負担することが大半であると思われているからである。

しかし，会員制パーティーの場合は，主催者が参加者から集めた会費は，形式的な金額であっても，事前に提示されており，いうまでもなく参加者は会費負担を同意している。会費収入は，明確に区分できるわけである。これらを踏まえると，会費制の場合は，祝儀のそれと税務上の対応が異なるべきである。

一方，参加者が負担する祝儀や会費は，交際費の共同支出ではないかという考え方も存在する。通常，共同支出の交際費に該当する

場合には，共同支出した者以外の者を接待するための費用である。そのため，記念式典やパーティなどのように，参加者自身が接待の対象となるものと性質的に異なるため，交際費の共同支出であるとは考えにくい。

　仮に，本件記念式典への支出等が交際費の共同支出であると主張するならば，記念式典やパーティの企画段階で参加し，事前に支出する金額を当事者間において契約書等で取り決め，そのうえ自らが接待の対象にならないなどの配慮が必要であるといえよう。したがって，実質的に負担した金額や内容が祝儀としての支出となんら変わりがないと判断された場合には，交際費から控除することは難しいと考えられる。

【参考】　浦和地裁平成2年11月19日判決，東京高裁平成3年4月24日判決，最高裁平成3年10月11日判決
【参照】　措通61の4(1)−23

事例42 売上値引と交際費
——売上値引の計算・方法及び立証と交際費との境界——

納税者の主張

　納税者は，貿易業（自転車の輸出）を営む同族会社である。納税者が売上値引として計上していた額は，契約書に基づいて算定した仲介手数料及び商品販売に係る不良品，納品不足等の補償金の合計額であり，相手方に対して，銀行送金や現金で支払っている。

　これら売上値引のうち仲介手数料の額は，あらかじめ定められた契約書に基づいて算定されたものであり，補償金の額は，販売した商品に係る不良品，納品不足等に係るものである。また，これら売上値引の支払は，正常な契約に基づく商取引の債務を決済するためのものであり，交際費には該当しない。

課税庁の主張

　本件契約書に基づく売上値引は，契約書そのものが，本人の筆跡等とは認められない無効なものであり，無効の契約書に基づいて計上した売上値引の額は，損金の額に算入される売上値引には該当しない。また，本件売上値引の額は，得意先から請求された形跡はなく，その受領者が得意先の役員と認められる。そのため，その額は同役員に対する取引謝礼金として支払われたものであり，交際費に該当する。

審判所の判断

　本件契約書の筆跡は本人のものであり，売上値引のうち，仲介手数料の額は，あらかじめ交わされた本件契約書によって支払われたものであり，その提供を受ける役務の内容及びその支払基準等もその契約書において明らかにされており，かつ，その額が役務の内容に照らして相当であることが認められるので，交際費には該当せず販売費等とすべきものである。

　また，本件売上値引のうち補償金の額は，請求人の商品売買取引において当然に売上値引として売上金額から減額すべき性質のものである。

　そうすると，本件売上値引は，あらかじめ定められた契約書に基づいて計算されたコミッションないしロイヤリティである仲介手数料及び販売した商品の不良品，納品不足等による補償金との合計額であり，これらは，相手先の指示によって支払われたことが明らかであるので，本件売上値引は，交際費には該当しないものである。

解　説

　「売上値引」とは，売上品の量目不足，品質不良，品物の破損などにより，代価から控除することである。

　本事案においては，契約書そのものの信憑性についての争点もあるが，売上値引が相手先からの指示に基づき支払われたものであるかどうかということも，重要な判断基準になっている。

　売上値引は，代価の引き下げをいうが，この場合に商品の配達，工事等の遅延による補償等も売上値引に該当する。しかし，売上品

の瑕疵の補償に伴って後日発生するアフターメンテナンス費用等は，売上原価，もしくは販売費・管理費に該当するといえる。

　つまり，売上値引は，おおむね相手方からの要求に基づき，交渉の結果決まるか，もしくは，事前に契約書等に定められていることが前提になる。そのため，売上値引そのものが交際費に該当しないことを立証するためには，売上値引に関して記載された契約書の存在はもちろん，相手先から売上値引を求められた際の書類の存否，そして，売上値引に至った交渉の経緯を記した書類などが必要になる。

　しかしながら，売上割戻しの場合と同様に，売上値引が金銭の授受で行われるとは限らない。金銭以外の代替物による場合も考えられる。例えば，売上値引を金銭の授受と同様の基準で行う旅行や観劇への招待，物品の供与などに要する費用は，交際費として取り扱われるのである。

　実務においては，売上代金の支払に際して，何らかの理由で一方的に入金額を削られるケースが多い。この場合，量目不足，品質不良，品物の破損などによる売上値引であるのか，それとも，後発的事由により発生した商品の瑕疵の補償に伴うアフターメンテナンス的な内容による減額なのか，事前にはっきりさせておかなければならない。

　対策として事前に相手先企業と，売上値引やアフターメンテナンスに関する契約を結んでおくことも必要である。売上値引の場合には，該当額を不足・破損などに基づく客観的な数値によるか，約定基準に基づき算定するかを明確にすべきである。この場合に，直接減額か別途支払かなど実行方法による差異は生じないといえる。これに対してアフターメンテナンスに関する費用発生の場合は，入金

金額の直接減額ではなく，後日請求による対応とする販売費・管理費による経理処理の方が望ましい。

【参考】　国税不服審判所平成 3 年 7 月10日裁決
【参照】　措通61の 4 (1)－ 4

事例43 売上割戻しと交際費

――代理店への表彰――

納税者の主張

繊維製品（下着類）の卸売業を営む同族会社であるが，本件支払手数料は，金銭の支払に代えて旅行を実施したものではなく，販売促進政策の一環として，一定の売上及び育成代理店数を達成した代理店に対して，各賞の入賞基準に基づく支出であるから，交際費には該当しない。

課税庁の主張

本件支払手数料は，代理店を旅行に招待することを目的として支出されたものであるから，交際費に該当する。

審判所の判断

本件支払手数料は，売上高，代理店の育成等を入賞基準として，入賞代理店へ金銭で支払われているものの，①納税者は，当該代理店に対し，その賞品として，海外旅行に招待する旨記載した目録を渡していること，②その目録に記載されたとおり海外旅行が実施されていること，③本件支払手数料は，その海外旅行が実施された前後に振り込まれており，その金額は，その団体旅行費用相当額であ

ること，④海外旅行の出発地が相違することによって，当該旅行費用が相違する場合には，その出発地に応じた旅行費用相当額が支払われていること，⑤本件支払手数料は，通常の支払手数料と異なり，その明細の通知がなされていないこと等に照らすと，本件支払手数料は，もともと得意先である代理店を海外旅行に招待することを目的とし，得意先との間の親睦を密にして販売政策上，売上の増加を期待して支出されたものというべきであり，交際費に該当するものと認めるのが相当である。

解説

 得意先である代理店に対して，販売促進政策の一環として，奨励金等を支払うことは，良くも悪くも商取引上，行われる場合がある。本事案の争点は，売上割戻しとして支払った海外旅行費用相当額が，交際費に該当するか否かである。

 売上割戻しとは，一定期間に多額又は大量の取引をした得意先に対する売上代金の返戻額をいう。一般に，売上高や売上数量，売掛金の回収高，協力度合い等を算定基準として計算され，得意先に収益の一部を還元することを指す。実際には，金銭での支払や売掛金等との相殺で処理されることが多い。会計処理としては，この売上割戻しは，売上高からの控除項目として，売上値引と同様に処理されることが通常である。

 売上割戻しの形態はさまざまであるが，金銭等での支払で，得意先へ収益の一部を還元することから，交際費と類似している。そのため，売上割戻しと交際費との区分がしばしば問題となる。

 審判所は，表彰制度に基づいて入賞代理店に支払った海外旅行費

用相当額の金員は，交際費に該当すると判断した。売上割戻しと交際費との区分について，税務の取扱いでは，売上割戻しを一定額に達するまでは現実に支払をしないで預り金等として積み立て，一定額に達した場合に，その積立額によりその得意先を旅行，観劇等に招待することとしているときは，その旅行，観劇等をした日の属する事業年度の交際費として取り扱うものとするとされている。

　すなわち，現実に売上割戻しとして支払がなく，しかも旅行，観劇等に招待するという交際費の目的が明らかである場合には交際費と認定されることになる。本事案の場合は，得意先である代理店を海外旅行に招待することを目的としていたかどうかである。

　納税者の主張によれば，本件支払手数料は，販売促進政策の一環として，一定の売上及び育成代理店数を達成した代理店に対して，各賞の入賞基準に基づき支出したものであって，金銭の支払に代えて旅行を実施したものではないと主張しており，また，表彰代理店に対し，受領した本件支払手数料の代理店側における受入方法については，仕入値引料又は仕入割戻し等として収益に計上するように指導していると述べている。

　しかし，①得意先である代理店に対し，表彰式において，表彰制度に基づきA賞，B賞及びコンテスト表彰（C賞）の賞品として，「海外旅行に招待いたします」旨及び旅行先を記載した目録を渡し，その表彰制度及び目録に基づき，各海外旅行を実施していること，②本件支払手数料が，各海外旅行の団体費用相当額であって，出発地点及び旅行先が同じ代理店に対しては，同額であること，③当該海外旅行は，表彰制度及び目録の内容並びに表彰対象者のほとんどが参加している事実等が挙げられる。

　したがって，各代理店の自主的な計画，自由意思に基づく自費に

よる参加とは認められないこと等を総合的に勘案すると，たとえ表彰代理店が，海外旅行費用相当額の売上割戻し額を海外旅行に使用したかどうかを判断することが容易ではないとしても，本事案においては，交際費的な要素が強いことから，交際費と認定されたのはやむを得ないだろう。

　売上割戻しを交際費と認定されないためには，売上割戻しの算定基準をできるだけ明確に行うことが重要である。また本事案のように売上割戻しの実施内容を，交際費課税の対象となる接待，供応，慰安及び贈答に類すると思われる行為に転嫁させることは避けるべきである。

【参考】　国税不服審判所昭和60年10月14日裁決
【参照】　措通61の4(1)－3，61の4(1)－6

事例44 情報提供料

――手数料と交際費の区分――

納税者の主張

不動産仲介業を営む同族会社である納税者の主張は，次のようなものである。

訴外A社に対して支払った手数料名義の支払について，交際費ではなく，あらかじめ締結された契約に基づき支払われた，土地買収斡旋事業を遂行するための費用である。また，法人が取引に関する情報の提供又は取引の媒介，代理，斡旋の役務の提供（以下「情報提供」という）を行うことを業としていない者に対して，情報提供の対価として金品を交付した場合であっても，その金品が，①あらかじめ締結された契約に基づくものであり，②提供を受ける役務の内容が当該契約において具体的に明らかにされており，かつ，これに基づいて実際の役務の提供を受けていること，③その交付した金品の額がその提供を受けた役務の内容に照らし相当と認められる場合に当てはまり，交際費には該当しない。

課税庁の主張

訴外A社は，何ら実態のない休眠会社であり，納税者は訴外Aに対して手数料を支払った事実がないにもかかわらず，手数料を払ったかのごとく装うなど不正の行為を行い，法人税額の一部を免れた。

納税者が支払った手数料は，損金算入するとしても交際費としての算入が認められる限度でなすべきである。

🟦 裁判所の判断

本件支払手数料に関して，当事者間であらかじめ締結された契約書に基づき支払われたものではなく，具体的な算定根拠に基づいて支払われたものではない。そのため，具体的な役務の提供と対価関係を有していたものということができず，したがって，手数料と認めることはできない。また，交際費に該当するかという点に関して，納税者が訴外Ａから今後も種々の便宜を受けることができるように交際接待の目的をもって謝礼，贈答又はこれらに類するものとして支出した金員であり，交際費に該当する。

💡 解 説

情報提供料として相手方に支払う場合，その支出が支払手数料に該当するか，交際費に該当するかの判断において，相手方がどのような立場にあるかにより取扱いが異なる。

例えば，通常，仲介を業としているか，もしくは業としていない場合でも，商慣習上，仲介として報酬を請求できる者に対して支払った費用は，交際費には該当しない。

これに対し，一般的な謝礼などは，心付けとして交際費に該当する。この謝礼は，情報提供によって成約がなされたか否かを問わない。

しかし，仲介などを業としていない者に対して支払った費用で

あっても，あらかじめ契約で定められている場合には，支払手数料と考えるべきである。ここでいう契約とは，必ずしも文書による契約を締結するという意味ではなく，例えば，条件を広告し，仲介を募る形式でもかまわない。つまり，事前に情報等を提供することで，報酬の授受があることを当事者が認識しているか否かということである。

　同様に，従業員などに対し，情報提供に関する報奨制度を実施することがある。この場合には，報奨の内容が，あらかじめ公表された要領及び交付基準によるものであるべきである。情報提供の対価として相当なものであれば，報奨として金銭を支給することは，交際費には該当しない。

　しかし，取引先の従業員に対して支払った報酬としての費用は，その契約が事前に締結されている場合であっても，交際費に該当することがある。例えば，取引先の会社で発注担当であった者や，メーカーの仕入担当者に対しての支払などがその典型である。

　なお，仲介の報酬として，当事者の要望などにより，旅行招待などの金品以外での供与がなされることがある。この場合には，旅行費用を負担したことになり，情報提供など仲介に対する報酬としての本質は異ならないから，交際費には該当しない。

　いずれにしても，あらかじめ契約書などが締結されている場合であっても，交際費に認定されることもあり，事前にどのような相手方に対しての支払であるか確認を行い，支払手数料とするか，交際費とするか慎重に判断する必要がある。

【参考】　東京地裁昭和61年12月17日判決，東京高裁昭和63年5月16日判決
【参照】　措通61の4(1)－8

事例45 寄附金と交際費

――政治団体への支出――

納税者の主張

納税者は土木建築工事を業とする同族会社であるが，政治団体Ａからの中傷行為等を排除するため，政治団体Ａの役員Ｂに対して500万円を支払い，雑費として会計処理し，全額損金に算入して申告した。しかし，課税庁は政治団体Ａに対する寄附金として更正処分し，その後，異議審理の過程において，政治団体Ａに対する交際費に当たるとした。

政治団体Ａとは事業の取引は一切なく，事業に関係ある者とはいえない。また，政治団体Ａの役員Ｂからの中傷行為等を排除するため，やむなく支出したものである。よって，本件支出金は交際費・寄附金に該当しないのは明らかである。

課税庁の主張

交際費の規定の「その他事業に関係のある者等」には，間接的に当該法人の利害に関係のある者も含まれると解されており，本事案において，政治団体Ａの役員Ｂは納税者の利害関係者であることは明らかである。

また，納税者は得意先との取引関係を円滑に遂行するために，役員Ｂに金銭を贈答したものであり，「接待，供応，慰安，贈答その

他これらに類する行為」に該当することは明らかである。

仮に，役員Ｂが事業に関係のある者に当たらないとすれば，本件支出金は交際費よりも，むしろ事業の遂行に直接関係のない，反対給付の伴わない財産的給付，すなわち寄附金に該当するとみるのが妥当であると思われる。

審判所の判断

一般的に寄附金とは，金銭その他の資産の贈与，又は経済的な利益の供与のうち，事業の遂行に直接関係あるもの以外のもの，すなわち事業の遂行に直接関係のないもの及び事業の遂行との関係が明らかでないものと解される。また，交際費は，事業に関係ある者等に対する金銭の贈与は交際費に該当するが，事業に関係のない者等に対する金銭の贈与は交際費に含まれず，原則として寄附金に該当すると解される。

ここに，金銭の贈与についての寄附金と交際費との区別は，①金銭の贈与が事業の遂行に直接関係あるか否か，②もしくは贈与の相手先が事業に関係ある者に当たるか否か，によってなされることになる。そして，通常の金銭の贈与については，寄附金・交際費以外の経費は考えられないところである。

ところで，従前から納税者はＢとは何ら事業上の関係はなく，そのＢのいやがらせは目に余るものがあり，放置しておくと納税者の事業に支障を来たすおそれがあったので，やむを得ず本件支出金を支払うことになったことがうかがえる。しかしながら，本件支出金は任意の反対給付を伴わない金銭の贈与に当たることは明らかで，本件支出金の支出が納税者の事業の遂行に直接関係のあるものとは

到底認め難いところであるから，本件支出金は寄附金とするのが相当である。

解　説

　本事案は，特定の政治団体の中傷行為等を排除するために支出した金銭が，寄附金に該当するか，交際費に該当するかで争われたものであり，その結果，交際費ではなく，寄附金に該当するとされた事例である。

　課税庁の見解によれば，政治団体Ａは事業に関係のある者に当たり，得意先との取引関係を円滑に遂行するために金銭を贈答したのであるから，交際費に当たる。また，仮に，政治団体Ａが事業に関係のある者ではないとしても，反対給付を期待しない贈与のときは寄附金となるとしている。

　税務の取扱いでは，事業に直接関係のない者に対して金銭，物品等の贈与をした場合において，それが寄附金であるか交際費であるかは個々の実態により判定すべきであるが，金銭でした贈与は原則として寄附金とするものとし，社会事業団体，政治団体に対する拠出金や神社の祭礼等の寄附金は交際費に含まれないものとして取り扱われ，寄附金と交際費等との区分をしている。

　寄附金か交際費等かどうかの区分は，次のように考えられる。①「支出の相手方」が事業に直接関係のある者か否か，②「支出の目的」が接待，供応，慰安，贈答等の行為のための支出であるか否か，③「行為の形態」が贈与ないし経済的な利益の供与となるか否か，である。接待，供応，慰安，贈答その他これらに類するものであれば，交際費に当たる。

審判所は，事業に関係ある者等に対する金銭の贈与は交際費に該当するが，事業に関係のない者等に対する金銭の贈与は交際費に含まれず，原則として寄附金に該当すると解され，金銭の贈与についての寄附金と交際費との区別は，①金銭の贈与が事業の遂行に直接関係あるか否か，②もしくは贈与の相手先が事業に関係ある者に当たるか否か，によってなされることになる，と述べる。

　審判所の結論は，政治団体に支出した金銭は，任意の反対給付を伴わない金銭の贈与に当たることは明らかであり，その支出が事業の遂行に直接関係のあるものとは到底認めがたいところであるから，寄附金とするのが相当であるとしている。

　ただ，「Ｂのいやがらせは目に余るものがあり，放置しておくと納税者の事業に支障を来たすおそれがあったので，やむを得ず本件支出金を支払うことになったこと」は，結果的に事業の遂行を円滑にするための支出と考えれば，Ｂは事業に関係ある者等といえなくもない。支出の支払に伴いいやがらせが止まれば，それは反対給付といえないだろうか。

【参考】　国税不服審判所昭和61年11月29日裁決
【参照】　措通61の4(1)－2

事例46 交際費としての談合金の位置付け

――共同企業体における外注費――

納税者の主張

納税者は，土木建築工事業を営む法人である。本件工事は，納税者とF社とG社の3社で共同企業体を組織して施工したものであるが，実質的にはJ社を含む4社を構成員とする共同企業体で施工されたものである。

課税庁は，J社が得た本件利益金は，本件工事の受注の際のいわゆる降り賃として，本件共同企業体の入札を有利に進めるための請託に関連して支出された金員であり，建設業者等が工事の入札等に際して支出するいわゆる談合金その他これに類する費用に該当するという。しかし，それは，同社が本件共同企業体の実質上の構成員として共同事業に参加したことの対価として得た利益の分配金であって，いわゆる降り賃として本件共同企業体の入札を有利に進めるための請託に関連して支出された金員ではなく，談合金等には該当しないので，交際費には当たらない。

課税庁の主張

J社は，形式上本件共同企業体の構成員となっていないというだけではなく，実質的にも本件工事に係る共同事業に参加していたものではないと認められ，同社が得た本件利益金は，本件工事の受注

の際のいわゆる降り賃として，本件共同企業体の入札を有利に進めるための請託に関連して支出された談合金等であって，本件外注費は交際費の額に該当すると認められる。

審判所の判断

　建設業者等が工事の入札等に際して支出する談合金等は，相手先で収益に計上されているといっても，自己に有利に入札を進めるため不正の請託に関連して支払うものであり，いわば一種の賄賂のごときものであるから，贈答その他これに類する行為のための支出として，交際費に該当すると解されている。

　本件4社は，当初，本件4社を構成員とする共同企業体として本件工事の入札に参加する予定であったが，本件工事の発注者であるR町においては，入札に参加する共同企業体の参加条件を原則として2業者ないし3業者の構成員による共同企業体に限定していたため，最終的にはJ社を除く本件3社で本件共同企業体を組織して本件工事を受注したことが認められる。

　J社は，K及びLをそれぞれ運営委員及び施工委員として派遣し，本件3社と同様の立場で本件工事に係る本件共同企業体の意思決定及び現場の業務運営に参加していたとみることができるうえ，20％の割合の利益を受けただけではなく，20％の割合で本件工事に伴う責任も負担していたものと認められる。

　これらの事実を総合すれば，J社は，本件3社と同様，本件共同企業体の実質上の構成員として本件工事に係る共同事業に参加していたと認めるのが相当であり，本件外注費は交際費には該当しないと認めるのが相当である。

解説

　本事案においては，納税者が，他の建設工事業者とともに共同企業体を組織して建設工事等を施工した際に，外注費の名目で支出した金額が，本件工事の受注の際のいわゆる降り賃として，本件共同企業体の工事の入札を有利に進めるための請託に関連して支出された談合金等であるとされ，交際費に該当するか否かが争われた事例である。

　周知のとおり，談合とは，国や地方公共団体等が行う公共事業の発注などを決定する入札に際し，入札参加者間において事前に調整をして受注予定者を決定しておき，その受注予定者が落札できるようにするために，受注予定者以外の者はその受注予定者の入札価格よりも高い価格での入札を行い，その結果受注予定者に落札させる行為をいう。

　建設業界では，建設業者が，工事の入札等に際して，他の入札業者に対して，謝礼又は利益の分配として，いわゆる談合金を支払うような例が見受けられる。もちろん談合金の支出は違法であって，刑事罰に問われることがある。

　さて，この談合金が交際費に該当するか否かが争点となるが，談合金というのは，自己に有利に入札を進めるための不正の請託に関して支払うものであって，いわば一種の賄賂のような性格を有することから，税務の取扱いでは，贈答その他これに類する行為のための支出として，交際費に該当するとされている。

　このような趣旨から，本事案において審判所は，「本件のように複数の建設業者が共同企業体を組織して工事を受注した上，当該共同企業体の利益の一定割合が建設業者に支払われる場合の支出につい

ては，支出の相手方が当該共同企業体の構成員であったとしても，当該構成員が実際には当該共同企業体が行う共同事業に参加していない名目上の構成員にすぎない場合には，当該支出の趣旨いかんによっては当該支出が交際費等に該当することとなるが，反面，支出の相手方が，契約書等における形式上は当該共同企業体の構成員となっていない建設業者であったとしても，当該建設業者が当該共同企業体の実質上の構成員として共同事業に参加している場合には，当該支出は，特段の事情のない限り，当該共同事業に参加したことに対する対価としての利益の分配金であると推認され，交際費等には該当しないと解するのが相当である。」と述べている。

　本事案において，審判所は，Ｊ社が本件共同企業体の実質上の構成員として共同事業に参加していたか否かについて詳細に検討しており，最終的にＪ社に対する外注費は交際費には該当しないと判断した。

【参考】　国税不服審判所平成11年12月14日裁決
【参照】　措通61の4⑴－15

事例47 入札謝礼金の性格

――入札謝礼として支払われた外注費と交際費の差異――

納税者の主張

納税者は、塗装業を営む同族会社である。工事を落札した時に、その落札順位が次点である者に対して支出した「調整金員」は、談合金ではないので、交際費には当たらない。「調整金員」は、業者間で無意味、不必要な支出をして、故意に課税所得を減少させたのではない。

談合に基づいて支払われる談合金は、支払われるべき経済的合理性があり、無意味、不必要な浪費により、故意に企業の課税所得を減少させる意図に基づくものであるとは、到底考えられない。

課税庁の主張

納税者が、外注加工費として損金処理した「調整金員」は、納税者が指名落札業者になった時、次点入札業者に対して当該工事を受注することができたことの謝礼として支払ったものであり、その会計処理として、現実に請負工事がないにもかかわらず、架空工事及び、架空外注費の伝票を起票し、あたかも請負工事が行われたごとく操作し、この操作によって捻出した「調整金員」を次点入札業者に支払っていたものである。

また、その次点入札業者は、指名落札業者である納税者の事業に

関係のある者であり，かつ当該支出はいずれも対価性がなく，指名業者間の円滑な落札進行を図ることを目的としてなされたものであり，「調整金員」を交際費に該当するとした処分に違法性はない。

審判所の判断

　交際費の一般的判断基準は，①得意先，仕入先その他の事業関係者を対象として，②これらの者の接待，供応，慰安，贈答，その他これらに類する行為のために支出する費用である。本件「調整金員」の支出相手先は，納税者と同一業界の者であり，明らかに上記①の事業関係者に該当する。また，支出の目的も，事業関係者での取引を円滑にするために支払われる一種の謝礼金とみることができるから上記②の「贈答その他これらに類する行為のために支出する費用」に該当する。
　したがって，本件「調整金員」は，交際費に該当するものと認められる。

解説

　新聞紙上で「談合」という言葉を目にする。談合は，多くの場合，国，地方公共団体等の建築，土木などの建設工事の入札において行われている。指名された入札参加者間で事前に調整し，あらかじめ各自の入札額を決めておくなど，受注予定企業に有利になるような行為を，談合といっている。この場合に，他の入札参加者に対して支払う金品を談合金という。ちなみに，談合そのものは，刑法96条の3及び独占禁止法3条に違反する違法行為である。

談合金の支払方法は，大きく以下の種類に分けることができる。
① 直接謝礼として支払う場合
② 外注費として支払う場合
③ 利益の分配として支払う場合

この談合金の支払相手方に関しても，「入札参加者」（事前に談合の話し合いに参加した者）に支払う場合と，「次点入札者」に支払う場合の2種類が考えられる。

特に建設業者の間で談合の多い理由は，通常の入札を行うと，競争に競争を重ね，まさに赤字工事となってしまうことから，談合をいわば企業防衛と利益確保の手段と建設業者が考えているからである。また談合金の授受以外にも，受注順位の決定に関わる金銭も，談合金の一種に含まれる。

税務上，談合金の授受は，賄賂に似た性格を有することに着目し，談合金及びこれに類する費用を交際費に含まれるものとしている。そのため，外注費として処理が行われていても，後日，税務調査などで，談合金の支払であることが判明した段階で，交際費として否認されてしまうこともある。

税務の取扱いのうえで交際費として課税される理由は，談合そのものをなくすことを目的として交際費に分類している訳ではなく，交際費の規定に談合金に対する取扱いが明記されているからである。つまり，談合そのものは，他の法律により処罰される行為であるという前提といえよう。

本来，談合が刑法や独占禁止法などの法律に抵触するため，談合金の支払そのものはあってはならない行為である。しかし，仮に談合金の支払があった場合は，外注費を含む他の費用とするのではなく，交際費として処理を行うことが望ましい。

法令遵守(コンプライアンス)が今まで以上に求められる昨今の事情からすると，外注費等で架空計上した場合，経営者やその行為に荷担した者を含む関係者（経理担当者を含む）の行為に対して，法令上の処罰はもとより，社会的にも処罰が下される点に充分留意する必要があるであろう。最近の報道では，指名入札制度自体の改革も検討されていることも忘れてはならない。

【参考】　国税不服審判所昭和57年12月24日裁決
【参照】　措通61の4⑴−15

事例 48 　交際費の範囲と賄賂の性格

―― 賄　賂　金 ――

納税者の主張

　納税者は，土木工事を主とした土木建築請負業等を営む法人であるが，当時市建設局土木部土木計画課長であった甲に対して賄賂金を支払っているとされるが，その金員については，甲が総合建設会社（いわゆるゼネコン）を幹事会社とする共同企業体である乙に対して，納税者が舗装工事の下請受注ができるように働きかけてくれたことに対する報酬である。

　それにより，納税者は乙から多額の下請受注を受けられることになったのであるから，その金員は納税者の営業活動上必要不可欠な経費だったというべきである。

裁判所の判断

　納税者は，甲に対する①納税者の舗装工事の下請受注の働きかけに対する合計334万円の供与，②請負契約の増額変更の要請の働きかけに対する1,500万円の供与，③請負契約の増額変更の再要請の働きかけに対する土木部長昇進祝金名目の200万円の謝礼，④自宅建て替え新築工事資金合計2,440万円の供与をした。本件賄賂金が，具体的な役務の対価として支払われたとは認められないこと，本件工事につき市から便宜ある取扱いを受けたいとの趣旨から供与した

ものであるから，法人がその事業に関連する者に対する接待のために支出されたものといえること，また，本件賄賂金が法人税法上「損金性」を有することなどから，本件賄賂金は租税特別措置法の規定する「交際費」に該当するといえる。

したがって，納税者の資本金は，平成8年9月期末現在で1億5,000万円であるから，支出した交際費は一切損金として算入されないというべきであり，納税者の所得を計算するうえで，本件賄賂金を損金の額に算入することはできないものというべきである。

解説

賄賂とは，国語の辞書によれば，「公務員または仲裁人の職務に関して授受される不法な報酬。金品に限らず，遊興飲食の供応，名誉・地位の供与なども含む。」とされている。

公務員がその地位や職権を利用して賄賂を供与し，公務の公正を損なわせる事件が続発している。賄賂に対する刑事責任は重いものとなっているが，公務員と企業との癒着は，いまだ絶えることはない。

本事案は，市の地下駐車場建設工事において，土木建築請負業等を営む納税者が市土木計画課長に対して現金計4,474万円という多額の賄賂を供与し，その賄賂金は工事受注のための交際費であるとされた事例である。

賄賂に関しては，刑法において厳しい罰則が規定されているが，賄賂や談合などの不正な支出が行われた場合に，その支出は，贈答その他これらに類する行為のための支出として，交際費に認定される場合が多く見受けられる。

法人が費用として支出した金銭で，その使途が明らかでないものを使途不明金というが，税務の取扱いでは，費途不明の交際費等を「法人が交際費，機密費，接待費等の名義をもって支出した金銭でその費途が明らかでないものは，損金の額に算入しない」と示されており，その支出内容，支出の相手方，支出の時期等が明らかでないものは損金不算入となる。公務員等に対するリベートなどの違法又は不当な金銭の支出など使途不明金として処理される場合もある。

　さらに，使途不明金のうち，相当の理由がなく，その相手方の氏名等をその法人の帳簿書類に記載しないものを使途秘匿金といい，これを秘匿するものについては，使途秘匿金として，損金不算入になるほか，通常の法人課税に加え，40％の法人税の追加課税が行われることになっている。

　これは，平成5年のゼネコン汚職事件をきっかけに，企業の使途不明金がヤミ献金や賄賂などの不正資金の温床になっていることから，平成6年度の税制改正で，使途秘匿金課税が創設されたものである。

　その趣旨は，企業が相手先を秘匿するような支出は，違法ないし不当な支出につながりやすく，それがひいては公正な取引を阻害することにもなるので，そのような支出を極力抑制することを目的とし，政策的に追加的な税負担を求めることとされたものである。なお，この使途秘匿金の支出がある場合の課税の特例については，現在も実施されている。

　平成18年度の税制改正により，法人又は個人が供与をする賄賂の支出については，刑法198条（賄賂）に規定する賄賂又は不正競争防止法18条1項（外国公務員等に対する不正の利益の供与等の禁止）に規定する金銭等の額は，損金又は必要経費に算入しないことが規定に

明記された。

　したがって，法人が供与をする賄賂の額は，全額損金不算入となるので留意する必要がある。

【参考】　京都地裁平成11年2月26日判決
【参照】　法法55，措法62，法基通9－7－20，措通61の4(1)－15

事例49 交際費の支出の具体性

——反社会団体等への支払——

納税者の主張

パチンコ等の遊技場を経営している納税者が支出した交際費の中で，課税庁が損金に認めないとして更正した交際費に関して，課税庁は，納税者の帳簿書類の記載以上に信憑性のある資料を摘示しなければならない。

支出先を「来客」とした22万円は，いわゆる暴力団員等に対する支払であり，円滑に営業を継続するためにはこれらの者に対する支払は拒否できず，領収書等の受領や支出先の特定は困難であり，また，支出先を「主任諸経費」として処理した10万円は，原告が従業員に対し交付した金員であり，領収書を受領することはできない。

証拠書類がないことや支出先が特定できないことを理由に交際費支出の事実を否認できる根拠はなく，当該交際費の処理は，監査役の監査を経て，社員総会で承認決議されており，その損金計上を否認することは「一般に公正妥当と認められる会計処理の基準」に照らして違法である。

課税庁の主張

納税者が交際費とした金額について，支出を証する領収書等の証拠書類の保存がなく，かつ，支出先を特定する説明もなく，事実を

確認できない。

納税者主張の「主任諸経費」は使途目的があいまいであり，また，暴力団に対する支払は営業上何ら利益をもたらさないばかりか，不法な行為への無用な支出であり，業務上相当な因果関係にある支出とは到底いえない。

たとえ社員総会で承認された確定決算事項であっても，それが法人税に関する法令の規定や，「会計基準」に照らして相当でない限り，税務計算上損金算入が認められないのは当然である。

裁判所の判断

本件のように，帳簿書類の記載自体が明確さを欠いており，もともとその信憑性に疑問がある場合には，更正の理由附記には，記載を裏付けるに足りる資料が存在しない理由を示すことで足り，資料の摘示までは要求されていない。

また，「来客」に係る支出の時期・回数及びその相手方は漠然としており，具体的に特定できないこと，「主任諸経費」に係る支出については，使い道や具体的な相手先名を欠いており，通常の精算方式がとられていないことなどは，企業の支出行為としては極めて不合理な処理である。

当該交際費の処理が監査役の監査を経て，社員総会で承認決議されていようとも，損金算入の適否に何ら影響を及ぼすことはないから，納税者の主張自体失当である。

解説

通常,企業が行った取引に関しては,領収書等の証憑に基づき,振替伝票が作成される。仮に,領収証等の証憑が存在しない場合でも,支払相手先の特定できる資料に基づき,取引が記録される。

交際費であっても,支払の相手先,支出内容を明らかにできないのであれば,支出目的のいかんに関わらず,交際費として認定できない。その場合に,使途秘匿金として取り扱われる可能性が出てくる。使途秘匿金として重課の対象となる。

よくある事例として,会社経費などを支払う目的で,まとまった金額を経理から仮払を行う処理がある。取引先の接待等に使うためであったり,経費の立て替えであったりするケースが多い。もちろん,後日使用した経費の領収書とともに,仮払精算されることが通常であるが,業務に忙殺され,そのまま精算されずに決算を経てしまうこともある。その結果,仮払の際に,経費として使ったことを証明する領収書を紛失したり,また,使途を明らかにする資料がないことも出てくる。これが中小企業の社長による支払の場合は,役員賞与として認定されることもある。

もちろん,香典などのように,通常,領収書が交付されない支払もある。この場合には,訃報の通知や会葬お礼の葉書などは,使途を明らかにする資料といえよう。慶事のお祝いであっても同様である。

いずれにしても,使途に関する具体的な領収書や,支払相手の特定できる資料が不可欠となる。

また,支払相手先の名称等を示すことができたとしても,その相手に対する支払の証明ができない場合や,業務関連性の立証ができ

ない場合には，やはり交際費として認められない可能性がある。

　本事案では，「暴力団に対する支払は営業上何ら利益をもたらさないばかりか，不法な行為への無用な支出であり，業務上相当な因果関係にある支出とは到底いえない」と課税庁は主張している。確かに，暴力団との関係が必要悪となっている業種・業態の存在も否定できないが，反社会組織への支払を否認することは，現在の価値観では当然といえよう。

　さらに，こうした問題以外に，交際費を仮払計上した場合，その損金不算入の時期について検討しなければならないことがある。つまり，仮払した交際費の効果・対象が，決算を挟んで二つの事業年度に及ぶときに，損金不算入の計上がどちらの事業年度でなされるかにより，法人税額に影響が出てくるからである。通常，法人がその支出した交際費を仮払として経理処理した場合には，その支出に係る行為のあった事業年度において交際費を支出したものとして取り扱うのが一般的となっている。

　平成18年の税制改正において，法人が支出する飲食費が１人当たり5,000円以下のものは交際費の範囲から除外され損金算入できるとされた。もちろんこれには，飲食等を行った相手先の名称，飲食目的，参加者の氏名など所定の事項を記載した明細書が必要とされている。

　いずれにしても，交際費の場合，その具体性を立証することは，今後ますます重要になってくるのではないかと考えられる。

【参考】　東京地裁昭和53年４月24日判決
【参照】　措通61の４(1)－24(2)

事例 50　交際費の範囲と使途不明金

――支出先不明の機密費――

〇　納税者の主張

　企業経営において，開発や営業拡大等のためには，取引の直接の当事者ではない紹介者等を接待等しなければならないが，その支出は，企業機密費として，企業経営上，不可欠のものであり，そのうちのある程度の金額は，企業規模，営業種目，営業活動等を考慮して，支出先不明のままであっても，交際費として損金と認めるべきである。

　架空給料手当計上額欄記載の金員の支出は，役員給与の形式をとっているが，納税者の代表取締役Ｘが営業するに当たって，支出先を明確にできない交際や慶弔等領収書の取れない支出であり，納税者の企業規模や業種などからすれば，支出先不明であっても損金と認められるべき企業機密費の範囲内にあるのだから，税務当局の主張は認められない。

〇　課税庁の主張

　納税者は，架空給料手当を計上し，その金員のうち大部分は納税者の代表取締役Ｘの銀行口座に入金され，その余の部分はＸに現金で手渡されたものである。

　納税者はその支出を交際費の支出である旨主張するが，全く証拠

に基づかないものであるうえ，企業経営においては機密費が必要不可欠であるという納税者独自の見解に基づくものであって失当である。

したがって，代表取締役Xに対して支払われた役員賞与というべきであり，損金とは認められないので，所得金額に加算すべきものである。

裁判所の判断

損金に算入される交際費とは，交際費，接待費，機密費その他の費用で，法人がその得意先，仕入先その他事業に関係のある者等に対する接待，供応，慰安，贈答その他これらに類する行為のために支出するものとされており，支出先が明らかでなければならないものであるというべきであるから，現行法上，支出先が不明であっても損金と認められる企業機密費なるものを肯認する余地はなく，納税者がその主張の前提とする見解は独自のものであって採用することはできない。

解　説

企業活動をするうえで，交際費というのは必要不可欠なものである。それゆえ，課税庁は，交際費の濫費・冗費を抑制し，法人の自己資本の充実を図ることを趣旨として，昭和29年に交際費課税制度を創設した。交際費課税制度は，現在まで廃止されることなく今もなお継続されている。

さて，本事案において，納税者は，交際費に関し，その支出は企

業機密費として不可欠なものであり，そのうちのある程度の金額は，企業規模，営業種目，営業活動等を考慮して，支出先不明のままであっても，交際費として損金と認めるべきである旨主張している。

通常，領収書等の証憑類に記載された取引をもとに会計帳簿は作成される。したがって，支出の相手先・支出内容が明らかでない場合には会計帳簿を作成することはできず，経費としては認められないことになる。

周知のとおり，法人が費用として支出した金銭で，その使途が明らかでないものを一般に使途不明金という。税務の取扱いでは，「法人が交際費，機密費，接待費等の名義をもって支出した金銭でその費途が明らかでないものは，損金の額に算入しない」とされている。

つまり，法人が支出した費用を税務上損金とするためには，その支出内容，支出の相手方，支出の時期等が明らかであることが必要であるが，課税庁に対して使途を明らかにしないものであるため，損金の額には算入しないということである。

実務において，取引の関係上，支出先等を明らかにできない場合には，自己否認して処理する方法，交際費として処理する方法や架空経費を計上して処理する方法等があるが，通常は，交際費とすることが多く見受けられる。

本事案では，支出先を明確にし得ない交際費や慶弔等領収書の取れない支出などの使途不明金については，人件費の架空経費を計上し，代表取締役Ｘに資金がプールできるような流れをつくり，その支出金を使途不明金の資金として使うという処理をしており，架空経費を計上する方法をとっている。当然ながら，架空取引なので費用性はない。

また，交際費は，「交際費，接待費，機密費その他の費用で，法人がその得意先，仕入先その他事業に関係のある者等に対する接待，供応，慰安，贈答その他これらに類する行為のために支出するものをいう。」と規定されており，交際費に該当するためには，①支出の相手先が，事業に関係ある者かどうか，②支出の目的が，事業に関係ある者の親睦を密にしてその歓心を買い，取引関係の円滑な進行を図るためかどうか，③支出の行為形態が，接待，供応，慰安，贈答その他これらに類する行為かどうかということが重要となってくる。

　このようなことを踏まえると，支出先が明らかでないことから，本事案における裁判所の判断は妥当といえよう。

【参考】　東京地裁平成元年9月22日判決
【参照】　法基通9－2－9，9－7－20

事例51 事業関係者の範囲

―― 卒業祝賀パーティー費用 ――

納税者の主張

　納税者は，Ａ教室業等を営む法人である。受講生に各講座の免状を授与する際に，年2回ほどホテルを会場として，各地で卒業式を行っている。卒業式には，全課程を終了した者のうち，免状取得申込をして免状料を支払った者が卒業式に出席できる。

　卒業式は，長時間にわたり，かつ昼食時間帯をまたがって行われることから，その中間に出席者に対して昼食を提供しているにすぎず，また，昼食代相当額も加味した上で免状料を受領していることから当然の義務として卒業生に対して昼食を提供するものであり，卒業生を接待するために昼食を提供しているものではない。

　また，その昼食の内容は，免状授与式に見合う程度の社会通念上必要な程度のものであり，昼食時に提供される酒類は乾杯のために供される極めて小さなシャンパングラス1杯のシャンパンのみである。

　したがって，卒業式費用のうちパーティーに係る昼食費用等は，税務上の交際費等には該当しない。

課税庁の主張

納税者は，卒業生を卒業式の出席資格者としていることから，卒業式費用の支出の相手方は，納税者の事業関係者等であると認められる。

また，「卒業祝賀パーティー」と題して，出席者に酒食の提供が行われていることから，そのパーティーは納税者が出席者との親睦を深めることなどを目的に酒食のもてなし，すなわち，供応，接待のために行われているものと認められる。

納税者は，卒業式を行うために要した費用を広告宣伝費に計上しているが，卒業式費用のうちパーティーに係る昼食費用等は交際費等に該当する。

審判所の判断

パーティーに係る昼食費用等は，①支出の相手方が，事業関係者等とは認められるものの，②支出の目的が，事業関係者等との間の親睦の度を密にして取引関係の円滑な進行を図るためであるということはできず，③支出の原因となる行為の形態が，接待等であるとは認められない。

したがって，パーティーに係る昼食費用等は，交際費等には該当しないものと認められるから，本件更正処分についてはその全部を取り消すべきである。

解説

　本事案は，教室等を営む納税者が，夏期及び冬期の年2回，全国7か所のホテルで行われる卒業式を行うために要した費用のうち，昼食等に係る費用が交際費等に該当するか否かが争われた事例である。

　課税庁は，卒業祝賀パーティーに係る本件昼食費用等について，①卒業式費用の支出の相手方は納税者の事業関係者等であること，②「卒業祝賀パーティー」と題して出席者に酒食の提供が行われていること，③卒業祝賀パーティーの目的は納税者が出席者との親睦を深めるために酒食のもてなしをしていること，以上のことから，措置法61条の4第3項に規定する交際費等に該当すると主張している。

　それに対して，審判所は，措置法61条の4第3項の解釈について，東京高裁平成15年9月9日判決（萬有製薬事件）を引用し，①支出の相手方が事業関係者等であること，②支出の目的が事業関係者等との間の親睦の度を密にして取引関係の円滑な進行を図るためであること，③支出の原因となる行為の形態が接待等であること，の三要件に該当することが必要であると明示している。

　①支出の相手方については，卒業式への出席者は，今後，納税者と一定の取引関係を有する可能性のある者として事業関係者等に該当すると判断している。②支出の目的については，卒業式について，(1)所定の授業課程を修了した者が，講師の資格を取得して今後受講生を指導する立場になることについての区切りの行事として，免状授与式を中心に行われること，(2)規模の拡大等に伴いホテルを会場とするに至ったこと，(3)教室が全国に存在し，遠距離から出席する

者もいることを考慮して開始時間及び終了時間が設定されていることに併せて，本件卒業式が長時間に及ぶため，昼食時間帯をまたがって行われること，及び(4)供与される食事は，社会通念上供与されると認められる通常の昼食の範囲内にあり，酒類は，儀礼的な乾杯のためにのみ供与されていること等の事情を総合的に判断すると，事業関係者等との間の親睦の度を密にして取引関係の円滑な進行を図ることにあるとは認められないと判断している。③行為の形態については，昼食及び乾杯のための酒類を供与する行為は，直ちに出席者の快楽追求欲を満足させる接待等に該当するものとまではいうことはできないとしている。

　また，支出の目的が接待等のためであるか否かについては，当該支出の動機，金額，態様，効果等の具体的事情を総合的に判断して決すべきであり，また，接待等に該当する行為とは，一般的にみて，相手方の快楽追求欲，金銭や物品の所有欲などを満足させる行為をいうと明示している。

　本事案における審判所の判断は，①支出の相手方，②支出の目的，③行為の形態，の三要件に該当するか否かの検討を行ったうえで結論を導いており，望ましいと考える。

　事実関係を把握し，法令の解釈に基づいて支出の目的や内容を検討することが税務判断をする上で大切なことであると考える。

【参考】　国税不服審判所平成20年4月25日裁決
【参照】　措法61の4③

事例52 福利厚生費と交際費

――領収書等が廃棄されている場合の懇親会費の経費性――

納税者の主張

　本事案は，税務署長が，納税者の各店舗において懇親会費として計上された支出については，その使途が不明である等として行った課税処分等の取消しを求めた事案である。

　納税者は，資本の額（約170億円）の青色申告法人である。本件支出金は，全国に店舗を展開する納税者が，人事異動，年末商戦前，その他の懇親会（新年会・社員旅行・サークル活動）の際に社員間の親睦を深めるために支出した費用である。納税者は，店長，ブロックマネージャー，そして，本社経理部による三重のチェックを行うことで懇親会費の支出を厳格に管理し，適正な支出についてのみ，その結果を本社帳簿である総勘定元帳に記録していた。

　そして，納税者の総勘定元帳からは，「店舗名」，「支払年月日」，「支払金額」，「参加人数」が明らかになる上，懇親会一覧表を見れば，「どの場所で」懇親会を実施したかも分かる。

　納税者提出の各領収書は，裁決後に再発行されたものではあるが，そもそも支出がなかったり，日付，金額等が実際の領収書のものと異なるというような不合理な依頼であれば，支払先が再発行に応じるはずはない。再発行領収書といえども，支払先が，日付，金額，費目（飲食費か，会場費か等）等を確認した上で発行したものであるから当初発行分の領収書に比してその信用性において何ら劣るもの

ではない。そして，領収書の記載からは，支払年月日，支払金額，支払先，費目等，当該支出が懇親会費用であったことを推認させるに足りる重要な事実が分かる。

　課税庁は，「誰が」，「誰と」等の事実についても明らかにしなければならない旨主張するが，これらの事実が明らかにならなくても，その金額等からして懇親会費として支出されていることが認められるのであれば，当該支出金は使途不明金として損金不算入にするのではなく，懇親会費として損金の額に算入されるべきである。

裁判所の判断

　1　所得を構成する損金の額については，本来，課税庁に主張，立証責任があるが，課税庁は，損金の存否に関連する事実に直接関与していないのに対し，納税者はこれに関与しより証拠に近い立場にあり，一般に，不存在の立証は困難であることなどに鑑みると，更正処分時に存在し，又は提出された資料等を基に，当該支出を損金の額に算入することができないと判断される場合には，当該支出と業務との関連性を合理的に推認させるに足りる具体的な立証を行わない限り，当該支出の損金への算入を否定されてもやむを得ないというべきである。

　2　納税者の内規（懇親会マニュアル）によれば，納税者は，人事異動後，年末商戦前，その他懇親会等を実施するとし，人事異動後の店舗懇親会及び新入社員懇親会は1人3,000円以内の実費，新店オープン懇親会は1人3,000円を目安とする実費，人事異動後のブロック懇親会は宿泊を伴うもので1人1万円以内の実費，年末商戦前懇親会（ブロック懇親会と併せて「ブロック懇親会等」という。）は宿

泊を伴うもので必要な実費を負担することとしている。

　3　納税者は，各店舗における懇親会費の支出につき，店長，ブロックマネージャー，そして，本社経理部の三重のチェックを経る厳格な社内牽制体制を敷いている旨主張する。確かに，証拠によれば，本件支出金の中には，懇親会マニュアル上の人事異動後の時期である3月及び9月に支出されたものや，同マニュアル上の原則的基準額である1人当たり3,000円以下のものが多いことが認められることに照らすと，納税者は，懇親会費の支出につき，一応の管理をしていたと推認できる。しかしながら，懇親会マニュアルによれば，懇親会の報告は専用の用紙に必要事項を記入しブロックマネージャーを経由して担当部長に提出する等とされているところ，本訴においては，これらに係る資料等，本件各事業年度当時，納税者が懇親会費の支出につき厳格な社内管理体制を敷いていたことを裏付ける客観的な証拠の提出がない上，本件支出金の中には，1人当たりの費用が上記マニュアルの基準額である3,000円ないし1万円を超えるものが少なからず存在するだけでなく，同マニュアルに記載のないバラエティコンテスト名目の支出が多数存在することや，懇親会費の支出がないと申述する店長のいる店舗からも懇親会費の支出があることに照らすと，納税者において，懇親会費の支出が厳格に管理されていたとまではいえない。

　4　納税者は，税務調査時において，本件支出金に係る領収書等の原始記録をその保存マニュアルに従い6か月間保管した後に廃棄していたところ，本件各課税処分に係る裁決後，本件支出金の3分の1程度の額につき，領収書の再発行を受けたが，支払先の方針や閉店等の理由により，再発行を受けられない支払先も相当数存在した。また，納税者は，その総勘定元帳の摘要欄において，バラエ

ティコンテストと記載された支出については，領収書が提出されていない。

これらの領収書の中には，領収書を再発行した飲食店等が自らの帳簿書類を確認して金額を記載しているものもある反面，領収書を再発行した飲食店等が同店の帳簿等を確認することなく，納税者従業員が申し出た金額を記載して発行したものや，当初発行の領収書と領収金額が相違するもの，作成後に宛名や日付等が加筆，訂正されているもの，宛名，支払先，日付や年の記載のないもの，領収日が帳簿の支払日と不整合のもの，帳簿記載金額と領収金額に相違があるもの等が存在する。

5 原始記録による裏付けのない納税者の総勘定元帳の記載のみでは，本件支出金の使途が確認できず，これを所得金額の計算上損金の額に算入することはできない。他方，納税者のような事業形態の法人において，懇親会マニュアル記載の目的で懇親会を実施し，その費用を負担することには業務上の合理性があり，同マニュアルにおいて納税者が負担するとしている懇親会の実費は，社会通念上相当な範囲内のものであると認められる。そして，通常，領収書の発行元は，現実に納税者から金銭を受領していなければ，納税者からの領収書の再発行依頼には慎重に対応すると考えられ，実際，認定事実によれば，領収書の発行に当たって原帳簿を確認した支払先も相当数存在すること，さらに，納税者が懇親会マニュアルに従って懇親会費の支出につき一応の管理をしていたと認められることを併せ考慮すると，本件支出金のうち，総勘定元帳の記載や懇親会一覧表と整合する領収書の発行されているもので，支払先の名称等から飲食代として使用されたと推認されるものについては，帳簿と領収書の記載事項が一致しないとか，支払先がその帳簿を確認せずに

発行したなど，領収書の信用性に特段の疑いを抱かせるものでない限りは，従業員の飲食に要した費用であったと認めるのが相当である〔なお，領収書等の証憑書類等は取引と接着した時点で受け取ることにより生ずる信用性があるところ，本件において提出された領収書は，いずれも取引時から相当程度の期間（2年9か月程度から5年9か月程度）を経て発行されているのであるから，領収書が提出されていたとしても，その信用性に疑いを抱かせるものについては，支出を裏付ける証拠としての価値を有しないというべきである。〕。

6　従業員の飲食等に要したと認められる費用であっても，懇親会マニュアルの1人当たりの費用が確認できない支出や，同マニュアルの基準額を超える支出，さらに，同マニュアルの1人当たりの費用の基準額以内であっても，ブロック懇親会等であるなど，高額な基準額を適用すべきであることが確認できない支出については，納税者において，懇親会マニュアルに従って支出されたことが確認できないのであるから，同マニュアル記載の目的のために支出されたとも，一定の基準に従って支出されていたとも認められず，さらに，その額の相当性の確認ができないのであるから，納税者の業務との関連が明らかでないか，交際費等に該当すると判断せざるを得ない。

解　説

　高名な税理士が，まさしく研究会終了後の懇親会でバブル期のコミックソングである「領収書」を楽しそうに唄われているのを拝見したことがある。サラリーマンが出張費や接待費を経費で落とし，ついでに小遣い稼ぎをするために，領収書がなにより大事だという

歌詞であるが，歌詞に領収書の諸要件が網羅されているため，教室でも紹介することが多い。

　日常生活において，領収書の類を収受できないという取引はまずない。私的なものはともかく，いわゆる公金であるなら，領収書を紛失することは不祥事であるといっていい。損金性，経費性を主張するには領収書の保存と提示は不可欠であることはいまさらいうまでもない。税務上，領収書がないということは，取引自体の存在を疑われても反論できないといえる。

　本事案では，全国に多店舗を展開する納税者であるから，懇親会等の従業員相互のコミュニケーションを図る会合等が定期的かつ頻繁に開催されることは想像できる。だからこそ懇親会マニュアルを制定し，経理処理を適正・迅速に行ってきたはずである。

【参考】　さいたま地裁平成20年1月30日判決
【参照】　措規21の18の4

事例53 交際費の性格

——遊園施設清掃業務の委託費と優待入場券の使用に係る費用——

納税者の主張

（遊園施設の運営等を事業とする）納税者が、本社ビルの清掃業務をA社に委託し、A社に直接支払った金額と、A社が実際に清掃業務を行うB社に対し支払った金額との差額に関して、納税者の交際費として課税することは、課税権の濫用である。

また、事業関係者に対し無償で交付した優待入場券については、制作・印刷費用を除き、何の支出も伴わないのであるから、これら制作・印刷費用以外の人件費、営業資材費、エンターテイメント・ショー制作費、業務委託費、販促活動費、ロイヤルティー等の施設運営費用は、優待入場券の制作・印刷費用を除き不変であるため、そもそも交際費に該当しない。

課税庁の主張

納税者は、形式的にはA社との間に清掃業務に係る契約を締結しているが、その実体は清掃業務そのものをB社に委託し、A社に支払った金額とB社に支払った金額との業務委託料差額に関しては、A社に支払ように装って、その実質的経営者であり、総会屋や右翼団体の幹部とされる甲に支払っていた。甲は、納税者の地元対策等に多大な影響を持つ人物であり、実質的に甲に支払った上記業務委

託料差額については，甲に対する利益供与であるから，交際費に該当する。

また，事業関係者に対し無償で交付した優待入場券は，納税者の事業と特に関係の深い者に対する謝礼の意であり，これを受けた得意先又は関係者の歓心を買うとともに，これらの者に対する慰安のために行った接待又は贈答であるから，本件優待入場券の使用に係る費用は，交際費等に当たる。

裁判所の判断

A社に対する業務委託料は，委託契約に基づくものであるが，実質的には，甲の社会的な立場を前提に，その影響力を納税者の事業の遂行，管理等に利用すべく，A社を介して甲に経済的利益を提供し，甲との関係を良好に保つものとしたものであり，実質的な清掃業務を行っていたB社に対する支払との委託料差額に相当する金額は，交際費に当たると認めるのが相当である。

また，納税者が優待入場券を発行して，これを使用させていたことについては，その歓心を買って関係を良好なものとし，事業を円滑に遂行する目的で，接待又は供応の趣旨でされたと認めるのが相当であり，これを使用して入場等をした者に対して役務を提供するのに当たり，納税者が支出した費用については，支出の相手方，目的及び行為の形態に照らし，交際費に当たると認めるのが相当である。

解説

　清掃業務の委託にあたり，業務委託契約を結んだＡ社への支払金額と，実際に業務を行ったＢ社に対する（Ａ社からの）支払差額が，交際費であるとされた点について，裁判所が重視した点は，納税者と，Ａ社の実質的な経営者であり，総会屋や右翼団体の幹部とされる甲との関係にある。つまり本事案のように，ある会社を通じ他の会社が業務を行うという形態は，他の業界団体においても見られる取引の形態であり，取引の形態そのものが否定され，交際費として認定された訳ではない。

　しかし判示においては，Ａ社への支払金額が実際に業務を行うＢ社への支払金額に比して，特に高額であった点や，納税者とＡ社の実質的な経営者である甲との関係が，甲の社会的な立場を利用して，納税者の事業遂行，管理等に利用すべくＡ社を介し，甲に経済的利益を提供したものと認定し，甲が「その他事業に関係のある者」に当たるとされたのである。そのため，納税者がＡ社に支払った金額と，Ｂ社へ実際に支払われた金額の差額が，本来の支出の相手方である甲に対する利益供与であるとされた上で，支出の目的や支出に係る行為の形態に照らし，交際費に当たると認定されたのである。

　また，事業関係者に対し無償で交付した優待入場券につき，優待入場券の使用に係る費用が交際費等に当たるとされた内容に関して，納税者が運営する遊園施設のように，何人が訪れても，（繁忙期を除き）中で働く人の数や遊園施設を運営するコストが大きく左右されることは考えにくい。しかし，優待入場券の制作・印刷費用のみが交際費の対象であるような主張を展開する納税者の主張も，採りにくいのは事実である。

例えば，飛行機やホテルのように，空席や空室を無償で利用させることをイメージするならば，それらの施設を維持するために使われる燃料費や人件費を中心としたコストが，交際費に該当しないという考え方を採用しにくいのは事実である。

　また，優待入場券がマスコミ関係者等の特定の者を中心に配られたことにより，遊園施設を利用する一般の利用者にとって，遊園施設全体の利用者が増え，一般の利用者の施設内の遊具利用回数が制限されることは，納税者も理解していることである。そうまでしても，納税者が優待入場券をマスコミ関係者に配る理由は，歓心を買って関係を良好なものとし，納税者の事業を円滑にするために利用したものであることは，認めなければならない。

　本事案の判示を通じて，一般の納税者が考えなければならない点は，業務委託契約を結んでいる先との契約金額が，一般の他の業者との契約に比して，著しく高額でないか，また，業務委託契約を結んでいる先の関係者に，反社会団体の人物が含まれていないかなど，事前検証を行う必要性も考えておかなければならない。

　そして，優待入場券など，特定の関係者に対し配る優待券などは，施設利用に係るコストも含め交際費になることを考慮に入れた上で，配布先や配布枚数などを調整し，決算に望む必要があるものと思われる。

【参考】　東京地裁平成21年7月31日判決
【参照】　措法61の4

第3部

交際費課税の関係法令・通達等
（法令・通達については平成22年4月1日現在）

租税特別措置法（抄）

所得税法（抄）

租税特別措置法施行令（抄）

租税特別措置法施行規則（抄）

租税特別措置法関係通達（抄）

所得税基本通達（抄）

法人税基本通達（抄）

交際費等（飲食費）に関するQ＆A

【租税特別措置法】

（交際費等の損金不算入）

第61条の4 法人が平成18年4月1日から平成22年3月31日までの間に開始する各事業年度（清算中の各事業年度を除く。）において支出する交際費等の額（当該事業年度終了の日における資本金の額又は出資金の額（資本又は出資を有しない法人その他政令で定める法人にあっては，政令で定める金額）が1億円以下である法人については，当該交際費等の額のうち次に掲げる金額の合計額）は，当該事業年度の所得の金額の計算上，損金の額に算入しない。

一 当該交際費等の額のうち600万円に当該事業年度の月数を乗じてこれを12で除して計算した金額（次号において「定額控除限度額」という。）に達するまでの金額の100分の10に相当する金額

二 当該交際費等の額が定額控除限度額を超える場合におけるその超える部分の金額

2 前項の月数は，暦に従って計算し，1月に満たない端数を生じたときは，1月とする。

3 第1項に規定する交際費等とは，交際費，接待費，機密費その他の費用で，法人が，その得意先，仕入先その他事業に関係のある者等に対する接待，供応，慰安，贈答その他これらに類する行為（第2号において「接待等」という。）のために支出するもの（次に掲げる費用のいずれかに該当するものを除く。）をいう。

一 専ら従業員の慰安のために行われる運動会，演芸会，旅行等のために通常要する費用

二 飲食その他これに類する行為のために要する費用（専ら当該法人の法人税法第2条第15号に規定する役員若しくは従業員又はこれらの親族に対する接待等のために支出するものを除く。）であって，その支出する金額を基礎として政令で定めるところにより計算した金額が政令で定める金額以下の費用

三 前2号に掲げる費用のほか政令で定める費用

4 前項第2号の規定は，財務省令で定める書類を保存している場合に限り，

適用する。

【所得税法】

(収入金額)

第36条　その年分の各種所得の金額の計算上収入金額とすべき金額又は総収入金額に算入すべき金額は，別段の定めがあるものを除き，その年において収入すべき金額（金銭以外の物又は権利その他経済的な利益をもって収入する場合には，その金銭以外の物又は権利その他経済的な利益の価額）とする。

2　前項の金銭以外の物又は権利その他経済的な利益の価額は，当該物若しくは権利を取得し，又は当該利益を享受する時における価額とする。

3　無記名の公社債の利子，無記名株式等の剰余金の配当（第24条第1項（配当所得）に規定する剰余金の配当をいう。）又は無記名の貸付信託，投資信託若しくは特定受益証券発行信託の受益証券に係る収益の分配については，その年分の利子所得の金額又は配当所得の金額の計算上収入金額とすべき金額は，第一項の規定にかかわらず，その年において支払を受けた金額とする。

【租税特別措置法施行令】

(交際費等の範囲)

第37条の5　法第61条の4第3項第2号に規定する政令で定めるところにより計算した金額は，同号に規定する飲食その他これに類する行為のために要する費用として支出する金額を当該費用に係る飲食その他これに類する行為に参加した者の数で除して計算した金額とし，同号に規定する政令で定める金額は，5,000円とする。

2　法第61条の4第3項第3号に規定する政令で定める費用は，次に掲げる費用とする。

　一　カレンダー，手帳，扇子，うちわ，手ぬぐいその他これらに類する物品を贈与するために通常要する費用

二　会議に関連して，茶菓，弁当その他これらに類する飲食物を供与するために通常要する費用
三　新聞，雑誌等の出版物又は放送番組を編集するために行われる座談会その他記事の収集のために，又は放送のための取材に通常要する費用

【租税特別措置法施行規則】

（交際費等の損金不算入）

第21条の18の４　法第61条の４第４項に規定する財務省令で定める書類は，同条第３項第２号に規定する飲食その他これに類する行為（以下この条において「飲食等」という。）のために要する費用につき次に掲げる事項を記載した書類とする。
一　当該飲食等のあった年月日
二　当該飲食等に参加した得意先，仕入先その他事業に関係のある者等の氏名又は名称及びその関係
三　当該飲食等に参加した者の数
四　当該費用の金額並びにその飲食店，料理店等の名称（店舗を有しないことその他の理由により当該名称が明らかでないときは，領収書等に記載された支払先の氏名又は名称）及びその所在地（店舗を有しないことその他の理由により当該所在地が明らかでないときは，領収書等に記載された支払先の住所若しくは居所又は本店若しくは主たる事務所の所在地）
五　その他参考となるべき事項

【租税特別措置法関係通達】

（交際費等の意義）

61の４(1)－１　措置法第61条の４第３項に規定する「交際費等」とは，交際費，接待費，機密費，その他の費用で法人がその得意先，仕入先その他事業に関係ある者等に対する接待，供応，慰安，贈答その他これらに類する行為のために支出するものをいうのであるが，主として次に掲げるような

性質を有するものは交際費等には含まれないものとする。
(1) 寄附金
(2) 値引き及び割戻し
(3) 広告宣伝費
(4) 福利厚生費
(5) 給与等

（寄附金と交際費等との区分）

61の4(1)-2　事業に直接関係のない者に対して金銭,物品等の贈与をした場合において,それが寄附金であるか交際費等であるかは個々の実態により判定すべきであるが,金銭でした贈与は原則として寄附金とするものとし,次のようなものは交際費等に含まれないものとする。
(1) 社会事業団体,政治団体に対する拠金
(2) 神社の祭礼等の寄贈金

（売上割戻し等と交際費等との区分）

61の4(1)-3　法人がその得意先である事業者に対し,売上高若しくは売掛金の回収高に比例して,又は売上高の一定額ごとに金銭で支出する売上割戻しの費用及びこれらの基準のほかに得意先の営業地域の特殊事情,協力度合い等を勘案して金銭で支出する費用は,交際費等に該当しないものとする。
(注)　「得意先である事業者に対し金銭を支出する」とは,得意先である企業自体に対して金銭を支出することをいうのであるから,その金額は当該事業者の収益に計上されるものである。

（売上割戻し等と同一の基準により物品を交付し又は旅行,観劇等に招待する費用）

61の4(1)-4　法人がその得意先に対して物品を交付する場合又は得意先を旅行,観劇等に招待する場合には,たとえその物品の交付又は旅行,観劇等への招待が売上割戻し等と同様の基準で行われるものであっても,その物品の交付のために要する費用又は旅行,観劇等に招待するために要する

費用は交際費等に該当するものとする。ただし，物品を交付する場合であっても，その物品が得意先である事業者において棚卸資産若しくは固定資産として販売し若しくは使用することが明らかな物品（以下「事業用資産」という。）又はその購入単価が少額（おおむね3,000円以下）である物品（以下61の4(1)－5において「少額物品」という。）であり，かつ，その交付の基準が61の4(1)－3の売上割戻し等の算定基準と同一であるときは，これらの物品を交付するために要する費用は，交際費等に該当しないものとすることができる。

（景品引換券付販売等により得意先に対して交付する景品の費用）

61の4(1)－5　製造業者又は卸売業者が得意先に対しいわゆる景品引換券付販売又は景品付販売により交付する景品については，その景品（引換券により引き換えられるものについては，その引き換えられる物品をいう。）が少額物品であり，かつ，その種類及び金額が当該製造業者又は卸売業者で確認できるものである場合には，その景品の交付のために要する費用は交際費等に該当しないものとすることができる。

（注）　景品引換券付販売に係る景品の交付に要する費用を基本通達9－7－3により未払金に計上している場合においても，当該費用が交際費等に該当するかどうかは，実際に景品を交付した事業年度においてこの通達を適用して判定することとし，交際費等に該当するものは当該事業年度の交際費等の額に含めて損金不算入額を計算する。

（売上割戻し等の支払に代えてする旅行，観劇等の費用）

61の4(1)－6　法人が，その得意先に対して支出する61の4(1)－3に該当する売上割戻し等の費用であっても，一定額に達するまでは現実に支払をしないで預り金等として積み立て，一定額に達した場合に，その積立額によりその得意先を旅行，観劇等に招待することとしているときは，その預り金等として積み立てた金額は，その積み立てた日を含む事業年度の所得の金額（その事業年度が連結事業年度に該当する場合には，当該連結事業年度の連結所得の金額）の計算上損金の額に算入しないで，旅行，観劇等に招待した日を含む事業年度において交際費等として支出したものとする。

(注) この場合に，たまたまその旅行，観劇等に参加しなかった得意先に対し，その預り金等として積み立てた金額の全部又は一部に相当する金額を支払ったとしても，その支払った金額は交際費等に該当する。

（事業者に金銭等で支出する販売奨励金等の費用）
61の4(1)－7　法人が販売促進の目的で特定の地域の得意先である事業者に対して販売奨励金等として金銭又は事業用資産を交付する場合のその費用は，交際費等に該当しない。ただし，その販売奨励金等として交付する金銭の全部又は一部が61の4(1)－15の(5)に掲げる交際費等の負担額として交付されるものである場合には，その負担額に相当する部分の金額についてはこの限りでない。
(注)　法人が特約店等の従業員等(役員及び従業員をいう。以下同じ。)を被保険者とするいわゆる掛捨ての生命保険又は損害保険（役員，部課長その他特定の従業員等のみを被保険者とするものを除く。）の保険料を負担した場合のその負担した金額は，販売奨励金等に該当する。

（情報提供料等と交際費等との区分）
61の4(1)－8　法人が取引に関する情報の提供又は取引の媒介，代理，あっせん等の役務の提供（以下61の4(1)－8において「情報提供等」という。）を行うことを業としていない者（当該取引に係る相手方の従業員等を除く。）に対して情報提供等の対価として金品を交付した場合であっても，その金品の交付につき例えば次の要件のすべてを満たしている等その金品の交付が正当な対価の支払であると認められるときは，その交付に要した費用は交際費等に該当しない。
(1)　その金品の交付があらかじめ締結された契約に基づくものであること。
(2)　提供を受ける役務の内容が当該契約において具体的に明らかにされており，かつ，これに基づいて実際に役務の提供を受けていること。
(3)　その交付した金品の価額がその提供を受けた役務の内容に照らし相当と認められること。
(注)　この取扱いは，その情報提供等を行う者が非居住者又は外国法人である場合にも適用があるが，その場合には，その受ける金品に係る所

得が所得税法第161条各号又は法第138条各号に掲げる国内源泉所得のいずれかに該当するときは，これにつき相手方において所得税又は法人税の納税義務が生ずることがあることに留意する。

(広告宣伝費と交際費等との区分)

61の4(1)－9　不特定多数の者に対する宣伝的効果を意図するものは広告宣伝費の性質を有するものとし，次のようなものは交際費等に含まれないものとする。
　(1)　製造業者又は卸売業者が，抽選により，一般消費者に対し金品を交付するために要する費用又は一般消費者を旅行，観劇等に招待するために要する費用
　(2)　製造業者又は卸売業者が，金品引換券付販売に伴い，一般消費者に対し金品を交付するために要する費用
　(3)　製造業者又は販売業者が，一定の商品等を購入する一般消費者を旅行，観劇等に招待することをあらかじめ広告宣伝し，その購入した者を旅行，観劇等に招待する場合のその招待のために要する費用
　(4)　小売業者が商品の購入をした一般消費者に対し景品を交付するために要する費用
　(5)　一般の工場見学者等に製品の試飲，試食をさせる費用（これらの者に対する通常の茶菓等の接待に要する費用を含む。）
　(6)　得意先等に対する見本品，試用品の供与に通常要する費用
　(7)　製造業者又は卸売業者が，自己の製品又はその取扱商品に関し，これらの者の依頼に基づき，継続的に試用を行った一般消費者又は消費動向調査に協力した一般消費者に対しその謝礼として金品を交付するために通常要する費用
　(注)　例えば，医薬品の製造業者（販売業者を含む。以下61の4(1)－9において同じ。）における医師又は病院，化粧品の製造業者における美容業者又は理容業者，建築材料の製造業者における大工，左官等の建築業者，飼料，肥料等の農業用資材の製造業者における農家，機械又は工具の製造業者における鉄工業者等は，いずれもこれらの製造業者にとって一般消費者には当たらない。

(福利厚生費と交際費等との区分)

61の4(1)－10 社内の行事に際して支出される金額等で次のようなものは交際費等に含まれないものとする。

(1) 創立記念日、国民祝日、新社屋落成式等に際し従業員等におおむね一律に社内において供与される通常の飲食に要する費用

(2) 従業員等(従業員等であった者を含む。)又はその親族等の慶弔、禍福に際し一定の基準に従って支給される金品に要する費用

(災害の場合の取引先に対する売掛債権の免除等)

61の4(1)－10の2 法人が、災害を受けた得意先等の取引先(以下61の4(1)－10の3までにおいて「取引先」という。)に対してその復旧を支援することを目的として災害発生後相当の期間(災害を受けた取引先が通常の営業活動を再開するための復旧過程にある期間をいう。以下61の4(1)－10の3において同じ。)内に売掛金、未収請負金、貸付金その他これらに準ずる債権の全部又は一部を免除した場合には、その免除したことによる損失は、交際費等に該当しないものとする。

既に契約で定められたリース料、貸付利息、割賦販売に係る賦払金等で災害発生後に授受するものの全部又は一部の免除を行うなど契約で定められた従前の取引条件を変更する場合及び災害発生後に新たに行う取引につき従前の取引条件を変更する場合も、同様とする。

(注) 「得意先等の取引先」には、得意先、仕入先、下請工場、特約店、代理店等のほか、商社等を通じた取引であっても価格交渉等を直接行っている場合の商品納入先など、実質的な取引関係にあると認められる者が含まれる。

(取引先に対する災害見舞金等)

61の4(1)－10の3 法人が、被災前の取引関係の維持、回復を目的として災害発生後相当の期間内にその取引先に対して行った災害見舞金の支出又は事業用資産の供与若しくは役務の提供のために要した費用は、交際費等に該当しないものとする。

(注)1 自社の製品等を取り扱う小売業者等に対して災害により滅失又は

損壊した商品と同種の商品を交換又は無償で補てんした場合も，同様とする。
　2　事業用資産には，当該法人が製造した製品及び他の者から購入した物品で，当該取引先の事業の用に供されるもののほか，当該取引先の福利厚生の一環として被災した従業員等に供与されるものを含むものとする。
　3　取引先は，その受領した災害見舞金及び事業用資産の価額に相当する金額を益金の額に算入することに留意する。ただし，受領後直ちに福利厚生の一環として被災した従業員等に供与する物品並びに令第133条に規定する使用可能期間が1年未満であるもの及び取得価額が10万円未満のものについては，この限りでない。

（自社製品等の被災者に対する提供）
61の4(1)－10の4　法人が不特定又は多数の被災者を救援するために緊急に行う自社製品等の提供に要する費用は，交際費等に該当しないものとする。

（協同組合等が支出する災害見舞金等）
61の4(1)－11　協同組合等がその福利厚生事業の一環として一定の基準に従って組合員その他直接又は間接の構成員を対象にして支出する災害見舞金等は，協同組合等の性格にかえりみ，交際費等に該当しないものとする。

（給与等と交際費等との区分）
61の4(1)－12　従業員等に対して支給する次のようなものは，給与の性質を有するものとして交際費等に含まれないものとする。
(1)　常時給与される昼食等の費用
(2)　自社の製品，商品等を原価以下で従業員等に販売した場合の原価に達するまでの費用
(3)　機密費，接待費，交際費，旅費等の名義で支給したもののうち，その法人の業務のために使用したことが明らかでないもの

（特約店等のセールスマンのために支出する費用）

61の4(1)-13　製造業者又は卸売業者が自己又はその特約店等に専属するセールスマン（その報酬につき所得税法第204条の規定の適用を受ける者に限る。）のために支出する次の費用は，交際費等に該当しない。
 (1)　セールスマンに対し，その取扱数量又は取扱金額に応じてあらかじめ定められているところにより交付する金品の費用
 (2)　セールスマンの慰安のために行われる運動会，演芸会，旅行等のために通常要する費用
 (3)　セールスマン又はその親族等の慶弔，禍福に際し一定の基準に従って交付する金品の費用
 （注）(1)に定める金品の交付に当たっては，同条第1項の規定により所得税の源泉徴収をしなければならないことに留意する。

（特約店等の従業員等を対象として支出する報奨金品）

61の4(1)-14　製造業者又は卸売業者が専ら自己の製品等を取り扱う特約店等の従業員等に対し，その者の外交販売に係る当該製品等の取扱数量又は取扱金額に応じてあらかじめ明らかにされているところにより交付する金品の費用については，61の4(1)-13の(1)に掲げる費用の取扱いの例による。

（交際費等に含まれる費用の例示）

61の4(1)-15　次のような費用は，原則として交際費等の金額に含まれるものとする。ただし，措置法第61条の4第3項第2号の規定の適用を受ける費用を除く。
 (1)　会社の何周年記念又は社屋新築記念における宴会費，交通費及び記念品代並びに新船建造又は土木建築等における進水式，起工式，落成式等におけるこれらの費用（これらの費用が主として61の4(1)-10に該当するものである場合の費用を除く。）
 　（注）進水式，起工式，落成式等の式典の祭事のために通常要する費用は，交際費等に該当しない。
 (2)　下請工場，特約店，代理店等となるため，又はするための運動費等の費用

（注）　これらの取引関係を結ぶために相手方である事業者に対して金銭
　　　　又は事業用資産を交付する場合のその費用は，交際費等に該当しな
　　　　い。
(3)　得意先，仕入先等社外の者の慶弔，禍福に際し支出する金品等の費用
　　（61の4(1)－10の2から61の4(1)－11まで，61の4(1)－13の(3)及び61の
　　4(1)－18の(1)に該当する費用を除く。）
(4)　得意先，仕入先その他事業に関係のある者（製造業者又はその卸売業
　　者と直接関係のないその製造業者の製品又はその卸売業者の扱う商品を
　　取り扱う販売業者を含む。）等を旅行，観劇等に招待する費用（卸売業
　　者が製造業者又は他の卸売業者から受け入れる(5)の負担額に相当する金
　　額を除く。）
(5)　製造業者又は卸売業者がその製品又は商品の卸売業者に対し，当該卸
　　売業者が小売業者等を旅行，観劇等に招待する費用の全部又は一部を負
　　担した場合のその負担額
(6)　いわゆる総会対策等のために支出する費用で総会屋等に対して会費，
　　賛助金，寄附金，広告料，購読料等の名目で支出する金品に係るもの
(7)　建設業者等が高層ビル，マンション等の建設に当たり，周辺の住民の
　　同意を得るために，当該住民又はその関係者を旅行，観劇等に招待し，
　　又はこれらの者に酒食を提供した場合におけるこれらの行為のために要
　　した費用
　　（注）　周辺の住民が受ける日照妨害，風害，電波障害等による損害を補
　　　　償するために当該住民に交付する金品は，交際費等に該当しない。
(8)　スーパーマーケット業，百貨店業等を営む法人が既存の商店街等に進
　　出するに当たり，周辺の商店等の同意を得るために支出する運動費等
　　（営業補償等の名目で支出するものを含む。）の費用
　　（注）　その進出に関連して支出するものであっても，主として地方公共
　　　　団体等に対する寄附金の性質を有するもの及び令第14条第1項第8
　　　　号イに掲げる費用の性質を有するものは，交際費等に該当しない。
(9)　得意先，仕入先等の従業員等に対して取引の謝礼等として支出する金
　　品の費用（61の4(1)－14に該当する費用を除く。）
(10)　建設業者等が工事の入札等に際して支出するいわゆる談合金その他こ

れに類する費用
(11) (1)から(10)までに掲げるもののほか，得意先，仕入先等社外の者に対する接待，供応に要した費用で61の4(1)－1の(1)から(5)までに該当しないすべての費用

(飲食その他これに類する行為の範囲)
61の4(1)－15の2　措置法第61条の4第3項第2号に規定する「飲食その他これに類する行為」（以下「飲食等」という。）には，得意先，仕入先等社外の者に対する接待，供応の際の飲食の他，例えば，得意先，仕入先等の業務の遂行や行事の開催に際して，得意先，仕入先等の従業員等によって飲食されることが想定される弁当等の差し入れが含まれることに留意する。
(注) 例えば中元・歳暮の贈答のように，単なる飲食物の詰め合わせ等を贈答する行為は，飲食等には含まれない。ただし，本文の飲食等に付随して支出した費用については，当該飲食等に要する費用に含めて差し支えない。

(旅行等に招待し，併せて会議を行った場合の会議費用)
61の4(1)－16　製造業者又は卸売業者が特約店その他の販売業者を旅行，観劇等に招待し，併せて新製品の説明，販売技術の研究等の会議を開催した場合において，その会議が会議としての実体を備えていると認められるときは，会議に通常要すると認められる費用の金額は，交際費等の金額に含めないことに取り扱う。
(注) 旅行，観劇等の行事に際しての飲食等は，当該行事の実施を主たる目的とする一連の行為の一つであることから，当該行事と不可分かつ一体的なものとして取り扱うことに留意する。ただし，当該一連の行為とは別に単独で行われていると認められる場合及び本文の取り扱いを受ける会議に係るものと認められる場合は，この限りでない。

(現地案内等に要する費用)
61の4(1)－17　次に掲げる費用は，販売のために直接要する費用として交際費等に該当しないものとする。

(1) 不動産販売業を営む法人が，土地の販売に当たり一般の顧客を現地に案内する場合の交通費又は食事若しくは宿泊のために通常要する費用
(2) 旅行あっせん業を営む法人が，団体旅行のあっせんをするに当たって，旅行先の決定等の必要上その団体の責任者等特定の者を事前にその旅行予定地に案内する場合の交通費又は食事若しくは宿泊のために通常要する費用（旅行先の旅館業者等がこれらの費用を負担した場合におけるその負担した金額を含む。）
(3) 新製品，季節商品等の展示会等に得意先等を招待する場合の交通費又は食事若しくは宿泊のために通常要する費用
(4) 自社製品又は取扱商品に関する商品知識の普及等のため得意先等に当該製品又は商品の製造工場等を見学させる場合の交通費又は食事若しくは宿泊のために通常要する費用

（下請企業の従業員等のために支出する費用）
61の4(1)－18　次に掲げる費用は，業務委託のために要する費用等として交際費等に該当しないものとする。
(1) 法人の工場内，工事現場等において，下請企業の従業員等がその業務の遂行に関連して災害を受けたことに伴い，その災害を受けた下請企業の従業員等に対し自己の従業員等に準じて見舞金品を支出するために要する費用
(2) 法人の工場内，工事現場等において，無事故等の記録が達成されたことに伴い，その工場内，工事現場等において経常的に業務に従事している下請企業の従業員等に対し，自己の従業員等とおおむね同一の基準により表彰金品を支給するために要する費用
(3) 法人が自己の業務の特定部分を継続的に請け負っている企業の従業員等で専属的に当該業務に従事している者（例えば，検針員，集金員等）の慰安のために行われる運動会，演芸会，旅行等のために通常要する費用を負担する場合のその負担額
(4) 法人が自己の従業員等と同等の事情にある専属下請先の従業員等又はその親族等の慶弔，禍福に際し，一定の基準に従って支給する金品の費用

（商慣行として交付する模型のための費用）
61の4(1)-19　建物，プラント，船舶等の建設請負等をした建設業者又は製造業者が，その発注者に対して商慣行として当該建設請負等の目的物の模型を交付するために通常要する費用は，交際費等に含まれないものとする。

（カレンダー，手帳等に類する物品の範囲）
61の4(1)-20　措置法令第37条の5第2項第1号に規定する「これらに類する物品」とは，多数の者に配付することを目的とし主として広告宣伝的効果を意図する物品でその価額が少額であるものとする。

（会議に関連して通常要する費用の例示）
61の4(1)-21　会議に際して社内又は通常会議を行う場所において通常供与される昼食の程度を超えない飲食物等の接待に要する費用は，原則として措置法令第37条の5第2項第2号に規定する「会議に関連して，茶菓，弁当その他これらに類する飲食物を供与するために通常要する費用」に該当するものとする。
　(注)1　会議には，来客との商談，打合せ等が含まれる。
　　　2　本文の取扱いは，その一人当たりの費用の金額が措置法令第37条の5第1項に定める金額を超える場合であっても，適用があることに留意する。

（交際費等の支出の相手方の範囲）
61の4(1)-22　措置法第61条の4第3項に規定する「得意先，仕入先その他事業に関係のある者等」には，直接当該法人の営む事業に取引関係のある者だけでなく間接に当該法人の利害に関係ある者及び当該法人の役員，従業員，株主等も含むことに留意する。

（交際費等の支出の方法）
61の4(1)-23　措置法第61条の4第3項に規定する法人の支出する交際費等は，当該法人が直接支出した交際費等であると間接支出した交際費等であるとを問わないから，次の点に留意する。

(1)　2以上の法人が共同して接待，供応，慰安，贈答その他これらに類する行為をして，その費用を分担した場合においても交際費等の支出があったものとする。
　(2)　同業者の団体等が接待，供応，慰安，贈答その他これらに類する行為をしてその費用を法人が負担した場合においても，交際費等の支出があったものとする。
　(3)　法人が団体等に対する会費その他の経費を負担した場合においても，当該団体が専ら団体相互間の懇親のための会合を催す等のために組織されたと認められるものであるときは，その会費等の負担は交際費等の支出があったものとする。
　(注)　措置法令第37条の5第1項に規定する「飲食その他これに類する行為のために要する費用として支出する金額」とは，その飲食等のために要する費用の総額をいう。したがって，措置法第61条の4第3項第2号の規定の適用に当たって，例えば，本文の(1)又は(2)の場合におけるこれらの法人の分担又は負担した金額については，その飲食等のために要する費用の総額を当該飲食等に参加した物の数で除して計算した金額が5,000円以下であるときに，同号の規定の適用があることに留意する。ただし，分担又は負担した法人側に当該費用の総額の通知がなく，かつ，当該飲食等に要する一人当たりの費用の金額がおおむね5,000円程度に止まると想定される場合には，当該分担又は負担した金額をもって判定して差し支えない。

（交際費等の支出の意義）

61の4(1)－24　措置法第61条の4第1項に規定する各事業年度において支出した交際費等とは，交際費等の支出の事実があったものをいうのであるから，次の点に留意する。
　(1)　取得価額に含まれている交際費等で当該事業年度の損金の額に算入されていないものであっても，支出の事実があった事業年度の交際費等に算入するものとする。
　(2)　交際費等の支出の事実のあったときとは，接待，供応，慰安，贈答その他これらに類する行為のあったときをいうのであるから，これらに要

した費用につき仮払又は未払等の経理をしているといないとを問わないものとする。

【所得税基本通達】

(課税しない経済的利益……残業又は宿日直をした者に支給する食事)
36－24　使用者が，残業又は宿直若しくは日直をした者（その者の通常の勤務時間外における勤務としてこれらの勤務を行った者に限る。）に対し，これらの勤務をすることにより支給する食事については，課税しなくて差し支えない。

(課税しない経済的利益……使用者が負担するレクリエーションの費用)
36－30　使用者が役員又は使用人のレクリエーションのために社会通念上一般的に行われていると認められる会食，旅行，演芸会，運動会等の行事の費用を負担することにより，これらの行事に参加した役員又は使用人が受ける経済的利益については，使用者が，当該行事に参加しなかった役員又は使用人（使用者の業務の必要に基づき参加できなかった者を除く。）に対しその参加に代えて金銭を支給する場合又は役員だけを対象として当該行事の費用を負担する場合を除き，課税しなくて差し支えない。
　(注)　上記の行事に参加しなかった者（使用者の業務の必要に基づき参加できなかった者を含む。）に支給する金銭については，給与等として課税することに留意する。

【法人税基本通達】

(債務の免除による利益その他の経済的な利益)
9－2－9　法第34条第4項《役員給与》，法第35条第1項《特殊支配同族会社の役員給与》及び法第36条《過大な使用人給与の損金不算入》に規定する「債務の免除による利益その他の経済的な利益」とは，次に掲げるもののように，法人がこれらの行為をしたことにより実質的にその役員等（役員及び同条に規定する特殊の関係のある使用人をいう。以下9－2－

10までにおいて同じ。）に対して給与を支給したと同様の経済的効果をもたらすもの（明らかに株主等の地位に基づいて取得したと認められるもの及び病気見舞、災害見舞等のような純然たる贈与と認められるものを除く。）をいう。
(1) 役員等に対して物品その他の資産を贈与した場合におけるその資産の価額に相当する金額
(2) 役員等に対して所有資産を低い価額で譲渡した場合におけるその資産の価額と譲渡価額との差額に相当する金額
(3) 役員等から高い価額で資産を買い入れた場合におけるその資産の価額と買入価額との差額に相当する金額
(4) 役員等に対して有する債権を放棄し又は免除した場合（貸倒れに該当する場合を除く。）におけるその放棄し又は免除した債権の額に相当する金額
(5) 役員等から債務を無償で引き受けた場合におけるその引き受けた債務の額に相当する金額
(6) 役員等に対してその居住の用に供する土地又は家屋を無償又は低い価額で提供した場合における通常取得すべき賃貸料の額と実際徴収した賃貸料の額との差額に相当する金額
(7) 役員等に対して金銭を無償又は通常の利率よりも低い利率で貸し付けた場合における通常取得すべき利率により計算した利息の額と実際徴収した利息の額との差額に相当する金額
(8) 役員等に対して無償又は低い対価で(6)及び(7)に掲げるもの以外の用役の提供をした場合における通常その用役の対価として収入すべき金額と実際に収入した対価の額との差額に相当する金額
(9) 役員等に対して機密費、接待費、交際費、旅費等の名義で支給したもののうち、その法人の業務のために使用したことが明らかでないもの
(10) 役員等のために個人的費用を負担した場合におけるその費用の額に相当する金額
(11) 役員等が社交団体等の会員となるため又は会員となっているために要する当該社交団体の入会金、経常会費その他当該社交団体の運営のために要する費用で当該役員等の負担すべきものを法人が負担した場合にお

けるその負担した費用の額に相当する金額
　⑿　法人が役員等を被保険者及び保険金受取人とする生命保険契約を締結してその保険料の額の全部又は一部を負担した場合におけるその負担した保険料の額に相当する金額

（社葬費用）
9－7－19　法人が，その役員又は使用人が死亡したため社葬を行い，その費用を負担した場合において，その社葬を行うことが社会通念上相当と認められるときは，その負担した金額のうち社葬のために通常要すると認められる部分の金額は，その支出をした日の属する事業年度の損金の額に算入することができるものとする。
　（注）　会葬者が持参した香典等を法人の収入としないで遺族の収入としたときは，これを認める。

（費途不明の交際費等）
9－7－20　法人が交際費，機密費，接待費等の名義をもって支出した金銭でその費途が明らかでないものは，損金の額に算入しない。

交際費等（飲食費）に関するＱ＆Ａ

平成18年５月
国税庁

　平成18年３月31日に公布された所得税法等の一部を改正する等の法律（平成18年法律第10号。以下「改正法」といいます。）により法人の交際費課税に関する規定（措法61の４・68の66）が改正され，平成18年４月１日以後開始する事業年度等から適用されることになりました。

　このＱ＆Ａは，その改正内容等を周知するため，これまで寄せられた主だったご質問に対する回答をとりまとめたものです。

1　法人の交際費課税の改正

（改正の概要）

> **（Ｑ１）　平成18年度の税制改正により，法人の支出する交際費等の損金不算入制度が改正されたそうですが，その改正の概要はどのようなものなのでしょうか。**

（Ａ）　法人の支出する交際費等の損金不算入制度について，次のような改正が行われ，法人の平成18年４月１日以後開始する事業年度分又は連結事業年度分の法人税について適用することとされました（改正法13，改正法附則102）。

(1)　交際費等の範囲から「１人当たり5,000円以下の飲食費（社内飲食費を除きます。以下同じ。）」が一定の要件の下で除外されました。

　　（注）「社内飲食費」とは，専ら当該法人の役員若しくは従業員又はこれらの親族に対する接待等のために支出する飲食費をいいます。以下同じ。

(2) 資本金の額又は出資金の額が1億円以下の中小企業者に対して講じられていた定額控除限度額（年400万円）までの金額の損金算入割合を交際費等の額の90％相当額とする措置の適用期間が，平成18年4月1日から平成20年3月31日までに開始する事業年度又は連結事業年度まで延長されました。

（書類の保存要件）

> **（Q2）　交際費等の範囲から1人当たり5,000円以下の飲食費を除外する場合の一定の要件とは，どのようなものなのでしょうか。**

（A）　交際費等の範囲から「1人当たり5,000円以下の飲食費」を除外する要件としては，飲食その他これに類する行為（以下「飲食等」といいます。）のために要する費用について次に掲げる事項を記載した書類を保存していることが必要とされます（措法61の4④・68の66④，措規21の18の2・22の61の2）。

　イ　その飲食等のあった年月日
　ロ　その飲食等に参加した得意先，仕入先その他事業に関係のある者等の氏名又は名称及びその関係
　ハ　その飲食等に参加した者の数
　ニ　その費用の金額並びにその飲食店，料理店等の名称及びその所在地
　　（注）　店舗を有しないことその他の理由によりその名称又はその所在地が明らかでない場合は，領収書等に記載された支払先の氏名若しくは名称，住所若しくは居所又は本店若しくは主たる事務所の所在地が記載事項となります。
　ホ　その他参考となるべき事項

2　交際費等の範囲から除かれる飲食等の行為

（飲食その他これに類する行為）

> （Q3）　交際費等の範囲から除かれることとされる飲食費は「飲食その他これに類する行為のために要する費用」と定義されていますが，この場合の「これに類する行為」のために要する費用とはどのようなものが対象となるのでしょうか。

（A）　「飲食その他これに類する行為」のために要する費用としては，通常，自己の従業員等が得意先等を接待して飲食するための「飲食代」以外にも，例えば，得意先等の業務の遂行や行事の開催に際して，弁当の差入れを行うための「弁当代」などが対象となります。この場合の対象となる弁当は，得意先等において差入れ後相応の時間内に飲食されることが想定されるものを前提としています。

　なお，単なる飲食物の詰め合わせを贈答する行為は，いわゆる中元・歳暮と変わらないことから，「飲食その他これに類する行為」には含まれないと考えられ，その贈答のために要する費用は，原則として，交際費等に該当することになります。

　ただし，飲食店等での飲食後，その飲食店等で提供されている飲食物の持ち帰りに要する「お土産代」をその飲食店等に支払う場合には，相応の時間内に飲食されることが想定されるか否かにかかわらず，飲食に類する行為に該当するものとして，飲食等のために要する費用とすることができます。

（飲食等のために要する費用）

> （Q4）　「飲食その他これに類する行為のために要する費用として支出する金額」には，得意先等を飲食店等へ送迎するための費用や飲食店等に支払うサービス料等の付随費用がどの程度含まれることになるのでしょうか。

第3部　交際費課税の関係法令・通達等

（A） 飲食等のために要する費用としては，通常，飲食等という行為をするために必要である費用が考えられることから，例えば，飲食等のためにテーブルチャージ料やサービス料等として飲食店等に対して直接支払うものが対象となります。

　一方，得意先等との飲食等を行う飲食店等へ送迎するために送迎費を負担した場合は，本来，接待・供応に当たる飲食等を目的とした送迎という行為のために要する費用として支出したものであり，通常，飲食等のために飲食店等に対して直接支払うものでもありませんので，その送迎費自体は交際費等に該当することになります。

　なお，交際費等の範囲から除かれることとされる1人当たりの費用の額の算定に当たっても飲食費に加算する必要はありません。

（専ら従業員等のための飲食費①）

> （Q5） 今般の改正の対象となる飲食費には「社内飲食費」を含まないこととされていますが，接待する相手方である得意先等が1人でも参加していればよいのでしょうか。

（A） 飲食費のうち「社内飲食費」については，1人当たり5,000円以下のものであっても，原則として，交際費等の範囲から除かれることとはされません（ただし，他の会議費等の費用として交際費等の範囲から除かれる場合があります。）。

　この社内飲食費に関しては，仮に，接待する相手方である得意先等が1人であっても，その飲食等のために自己の従業員等が相当数参加する必要があったのであれば，社内飲食費に該当することはありませんが，得意先等の従業員を形式的に参加させていると認められる場合には，社内飲食費に該当することがあります。

(専ら従業員等のための飲食費②)

> (Q6) 今般の改正の対象となる飲食費には「専ら当該法人の役員若しくは従業員又はこれらの親族に対する接待等のために支出するもの」を含まないこととされていますが，接待する相手方は親会社の役員等でもよいのでしょうか。

(A) 今般の改正の対象となる飲食費から社内飲食費が除かれることの意味するところは，接待に際しての飲食等の相手方が社外の者である場合の飲食費が対象となるということです。したがって，資本関係が100％である親会社の役員等であっても，連結納税の適用を受けている各連結法人の役員等であっても，相手方としては社外の者となることから，その者との飲食等に係る飲食費が社内飲食費に該当することはありません。

また，同業者パーティに出席して自己負担分の飲食費相当額の会費を支出した場合や得意先等と共同開催の懇親会に出席して自己負担分の飲食費相当額を支出した場合についても，互いに接待し合っているだけであることから，その飲食費が社内飲食費に該当することはありません。

(ゴルフ等に際しての飲食費)

> (Q7) ゴルフ・観劇・旅行等に際しての飲食費については，どのように取り扱われるのでしょうか。

(A) ゴルフ・観劇・旅行（国内・海外）等の催事に際しての飲食等については，通常，それらの催事を実施することを主たる目的とする一連の行為の一つとして実施されるものであり，飲食等は主たる目的である催事と不可分かつ一体的なものとして一連の行為に吸収される行為と考えられます。

したがって，飲食等がそれら一連の行為とは別に単独で行われていると認められる場合（例えば，企画した旅行の行程のすべてが終了して解散した後に，一部の取引先の者を誘って飲食等を行った場合など）を除き，それら一連の行為のために要する費用の全額が，原則として，交際費等に該当するものとされます。

3　1人当たり5,000円以下の飲食費の判定

（1人当たりの金額計算）

> **（Q8）** 交際費等の範囲から除かれることとなった1人当たり5,000円以下の飲食費であるかどうかの判定はどのように行うのでしょうか。

（A）　交際費等の範囲から除かれる飲食費は，次の算式で計算した1人当たりの金額が5,000円以下の費用が対象となります（措令37の5①・39の94①）。

したがって，個々の得意先等が飲食店等においてそれぞれどの程度の飲食等を実際に行ったかどうかにかかわらず，単純に当該飲食等に参加した人数で除して計算した金額で判定することになります。

```
------(算式)------
飲食等のために要する費    飲食等に参加
用として支出する金額   ÷  した者の数   ＝ 1人当たりの金額
```

（交際費等とされない飲食費の額）

> **（Q9）** 1人当たりの飲食費が5,000円を超えた場合であっても，5,000円以下の飲食費の部分は交際費等の額から控除することができるのでしょうか。

（A）　交際費等の範囲から除かれる飲食費は，1人当たりの金額が5,000円以下の費用それ自体が対象となることから（Q8参照），1人当たりの金額が5,000円を超える費用については，その費用のうちその超える部分だけが交際費等に該当するものではなく，その費用のすべてが交際費等に該当することになります。

すなわち，1人当たりの飲食費のうち5,000円相当額を控除するというような方式ではありません（措令37の5①・39の94①）。

（1次会と2次会の費用）

> （Q10） 飲食費が1人当たり5,000円以下であるかどうかの判定に当たって，飲食等が1次会だけでなく，2次会等の複数にわたって行われた場合には，どのように取り扱われるのでしょうか。

（A） 1次会と2次会など連続した飲食等の行為が行われた場合においても，それぞれの行為が単独で行われていると認められるとき（例えば，全く別の業態の飲食店等を利用しているときなど）には，それぞれの行為に係る飲食費ごとに1人当たり5,000円以下であるかどうかの判定を行って差し支えありません。

　しかしながら，それら連続する飲食等が一体の行為であると認められるとき（例えば，実質的に同一の飲食店等で行われた飲食等であるにもかかわらず，その飲食等のために要する費用として支出する金額を分割して支払っていると認められるときなど）には，その行為の全体に係る飲食費を基礎として1人当たり5,000円以下であるかどうかの判定を行うことになります。

（支出する費用に係る消費税等の額）

> （Q11） 飲食費が1人当たり5,000円以下であるかどうかの判定に当たって，その「支出する金額」に係る消費税等の額はどのように取り扱われるのでしょうか。

（A） 飲食費が1人当たり5,000円以下であるかどうかは，その飲食費を支出した法人の適用している税抜経理方式又は税込経理方式に応じ，その適用方式により算定した金額により判定します。

　したがって，その「飲食等のために要する費用として支出する金額」に係る消費税等の額については，税込経理方式を適用している場合には当該支出する金額に含まれ，税抜経理方式を適用している場合には当該支出する金額に含まれないこととなります。

(会議費等との関係)

> (Q 12) 会議に際して，1人当たり5,000円超の飲食費が生じた場合は，交際費等に該当するものとして取り扱われるのでしょうか。

(A) 今般の改正は，従来，交際費等に該当していた飲食費（社内飲食費を除きます。）のうち1人当たり5,000円以下のものを，一定の要件の下で一律に交際費等の範囲から新たに除外するというものです。

したがって，従来から交際費等に該当しないこととされている会議費等（会議に関連して，茶菓，弁当その他これらに類する飲食物を供与するために通常要する費用など）については，1人当たり5,000円超のものであっても，その費用が通常要する費用として認められるものである限りにおいて，交際費等に該当しないものとされます。

4 保存書類への記載事項

(保存書類への記載事項①)

> (Q 13) 1人当たり5,000円以下の飲食費を除外する要件として一定の書類の保存要件があり，得意先等の氏名又は名称及びその関係が記載すべき事項としてありますが，当社の役員等の氏名等も記載する必要があるのでしょうか。

(A) 交際費等の範囲から1人当たり5,000円以下の飲食費を除外する要件として，飲食等のために要する費用について「その飲食等に参加した得意先，仕入先その他事業に関係のある者等の氏名又は名称及びその関係」という事項を記載する必要があります。

これは，社内飲食費でないことを明らかにするためのものであり，飲食等を行った相手方である社外の得意先等に関する事項を，「○○会社・□□部，△△◇◇（氏名），卸売先」というようにして記載する必要があります（なお，氏名の一部又は全部が相当の理由があることにより明らかでないときには，記載を省略して差し支えありません。）。

したがって，通常の経理処理等に当たって把握していると思われる自

己の役員や従業員等の氏名等までも記載を求めているものではありません。

(保存書類への記載事項②)

(Q14) 一定の書類の保存要件としての記載事項として，注意すべき点はどのようなものがありますか。

(A) 記載に当たっては，原則として，相手方の名称や氏名のすべてが必要となりますが，相手方の氏名について，その一部が不明の場合や多数参加したような場合には，その参加者が真正である限りにおいて，「〇〇会社・□□部，△△◇◇（氏名）部長他10名，卸売先」という表示であっても差し支えありません。

また，その保存書類の様式は法定されているものではありませんので，記載事項を欠くものでなければ，適宜の様式で作成して差し支えありません。

なお，一の飲食等の行為を分割して記載すること，相手方を偽って記載すること，参加者の人数を水増しして記載すること等は，事実の隠ぺい又は仮装に当たりますのでご注意ください。

5 その他

(申告書別表十五等の記載の仕方)

(Q15) 申告書別表十五及び十五の二の記載に当たって，交際費等の範囲から除かれることとされる1人当たり5,000円以下の飲食費の表示は必要ないのでしょうか。

(A) 今般の税制改正において，申告書別表十五「交際費等の損金算入に関する明細書」の改正は行われていませんので，従来どおり「支出交際費等の額の明細」の「科目」区分に従って各科目を表示し，それぞれの「支出額　5」に含まれる飲食費のうち，それぞれ損金不算入とならない1人当たり5,000円以下の飲食費の合計額を「交際費等の額から控除

される費用の額　6」に含めて，「差引交際費等の額　7」を求めてください。

したがって，交際費等の範囲から除かれることとされる1人当たり5,000円以下の飲食費を独自に表示する必要はありません。

なお，連結納税申告に係る申告書別表十五の二の交際費等の記載に当たっても，同様となります。

（事業年度ベースの適用時期）

> （Q16）　損金不算入となる交際費等の範囲から除かれることとなった飲食費は，平成18年4月1日以後に支出するものから適用されるという理解でよいのでしょうか。

（A）　法人の支出する交際費等の損金不算入制度について，損金不算入となる交際費等の範囲から1人当たり5,000円以下の飲食費が一定の要件の下で除外されましたが，その適用関係については，法人の平成18年4月1日以後開始する事業年度分又は連結事業年度分の法人税について適用されることとされていますので（改正法附則102），結果として，当該事業年度又は連結事業年度が開始している法人の支出する飲食費が対象とされることとなります。

したがって，その法人の事業年度等を基礎とした適用関係となり，飲食費の支出ベースでの適用関係とはなりませんので，平成18年4月1日以後に支出をした1人当たり5,000円以下の飲食費については，その支出をした日の属する事業年度等が平成18年4月1日前に開始した事業年度等である法人の場合には，交際費等の範囲から除外することはできません。

【関係法令】（省略）

執筆者紹介

林　仲宣（はやし　なかのぶ）
  1952年　愛知県豊橋市出身
  1980年　東洋大学大学院法学研究科公法学専攻修士課程修了
  現　在　椙山女学園大学現代マネジメント学部教授
　　　　　専修大学大学院法学研究科非常勤講師
　　　　　明治学院大学大学院経済学研究科非常勤講師
　　　　　税理士（1982年登録）

四方田　彰（よもだ　あきら）
  1969年　群馬県高崎市出身
  2002年　神奈川大学大学院経済学研究科経済学専攻博士前期課程修了
  現　在　税理士（2002年登録）
　　　　　神奈川大学経済学部非常勤講師

角田　敬子（つのだ　けいこ）
  1972年　東京都杉並区出身
  2001年　専修大学大学院経営学研究科経営学専攻博士前期課程修了
  現　在　税理士（2002年登録）

著者との契約により検印省略

平成19年9月1日	初　版　発　行	交際費税務に生かす
平成22年10月1日	第 2 版　発　行	判例・裁決例53選
		〔第2版〕

著　者	林　　　　仲　　宣 四　方　田　　　彰 角　田　　敬　子
発行者	大　坪　嘉　春
印刷所	税経印刷株式会社
製本所	株式会社　三森製本所

発行所	〒161-0033 東京都新宿区 下落合2丁目5番13号	株式 会社　税務経理協会
	振替　00190-2-187408 ＦＡＸ(03)3565-3391	電話(03)3953-3301(編集部) 　　(03)3953-3325(営業部)
	URL　http://www.zeikei.co.jp/	
	乱丁・落丁の場合は，お取り替えいたします。	

© 林　仲宣・四方田彰・角田敬子　2010　　　　　Printed in Japan

本書を無断で複写複製(コピー)することは，著作権法上の例外を除き，禁じられています。本書をコピーされる場合は，事前に日本複写権センター(JRRC)の許諾を受けてください。

JRRC〈http://www.jrrc.or.jp　eメール：info@jrrc.or.jp　電話：03-3401-2382〉

ISBN978-4-419-05575-2　C2032